as ori-
gens
da ci-
vili-
zação
con-
tempo-
rânei-
dade

SÉRIE FORMAÇÃO PROFISSIONAL EM SERVIÇO SOCIAL

DIALÓGICA

EDITORA intersaberes

O selo DIALÓGICA da Editora InterSaberes faz referência às publicações que privilegiam uma linguagem na qual o autor dialoga com o leitor por meio de recursos textuais e visuais, o que torna o conteúdo muito mais dinâmico. São livros que criam um ambiente de interação com o leitor – seu universo cultural, social e de elaboração de conhecimentos –, possibilitando um real processo de interlocução para que a comunicação se efetive.

Serviço Social e "questão social": das origens à contemporaneidade

Giselle Ávila Leal de Meirelles

EDITORA intersaberes

Conselho editorial
Dr. Ivo José Both (presidente)
Drª Elena Godoy
Dr. Nelson Luís Dias
Dr. Neri dos Santos
Dr. Ulf Gregor Baranow

Editora-chefe
Lindsay Azambuja

Supervisora editorial
Ariadne Nunes Wenger

Analista editorial
Ariel Martins

Preparação de originais
Mariana Bordignon

Edição de texto
Viviane Fernanda Voltolini
Gustavo Piratello de Castro

Projeto gráfico
Laís Galvão

Capa
Laís Galvão (*design*)
Andrea Slatter/Shutterstock
(imagem)

Diagramação
Fabrício Tacahashi

Equipe de *design*
Laís Galvão
Sílvio Gabriel Spannenberg

Iconografia
Celia Kikue Suzuki
Regina Claudia Cruz Prestes

Dados Internacionais de Catalogação na Publicação (CIP)
(Câmara Brasileira do Livro, SP, Brasil)

Meirelles, Giselle Ávila Leal de
 Serviço Social e "questão social": das origens à contemporaneidade/Giselle Ávila Leal de Meirelles. Curitiba: InterSaberes, 2018. (Série Formação Profissional em Serviço Social)

Bibliografia.
ISBN 978-85-5972-656-5

1. Assistência social 2. História social 3. Mudança social 4. Política social 5. Problemas sociais 6. Serviço social 7. Serviço social como profissão I. Título. II. Série.

18-12557   CDD-303

Índices para catálogo sistemático:
1. Serviço social e questão social: Sociologia   303

1ª edição, 2018.
Foi feito o depósito legal.

Informamos que é de inteira responsabilidade da autora a emissão de conceitos.

Nenhuma parte desta publicação poderá ser reproduzida por qualquer meio ou forma sem a prévia autorização da Editora InterSaberes.

A violação dos direitos autorais é crime estabelecido na Lei n. 9.610/1998 e punido pelo art. 184 do Código Penal.

Rua Clara Vendramin, 58 ▪ Mossunguê ▪ CEP 81200-170 ▪ Curitiba ▪ PR ▪ Brasil
Fone: (41) 2106-4170 ▪ www.intersaberes.com ▪ editora@editoraintersaberes.com.br

Sumário

Apresentação | 7
Como aproveitar ao máximo este livro | 10

1. **Fundamentos sócio-históricos da "questão social" | 15**
   1.1 Principais perspectivas teóricas | 17
   1.2 Origens | 20

2. **Estratégias do capital monopolista: mundialização e financeirização | 33**
   2.1 Mundialização do capital e seus reflexos para a "questão social" | 35
   2.2 Financeirização do capital | 43

3. **A "questão social" no Brasil | 55**
   3.1 Formação sócio-histórica | 57
   3.2 Era Vargas: reconhecimento da "questão social" | 64
   3.3 Classe trabalhadora brasileira e resistência à exploração do trabalho pelo capital | 74
   3.4 "Questão social" na redemocratização | 81
   3.5 Crises capitalistas: uma contradição inelimável | 92

4. **O enfrentamento da "questão social" no Brasil contemporâneo | 105**
   4.1 Os principais teóricos do Serviço Social brasileiro | 107
   4.2 Serviço Social brasileiro e a tese da "nova questão social" | 131
   4.3 Conhecimento da realidade social local e enfrentamento das expressões da "questão social" | 139

Para concluir... | 151
Referências | 155
Respostas | 163
Sobre a autora | 175

Apresentação

Nesta obra, abordamos elementos fundamentais sobre a "questão social" e o Serviço Social brasileiros. Desejamos conduzir os interessados no assunto à compreensão daquela temática na perspectiva do materialismo histórico-dialético, ou seja, na lógica marxista, teoria hegemônica no contexto nacional.

Ao longo do texto, explicamos as principais concepções existentes no interior do Serviço Social e a profunda articulação entre a profissão, a "questão social" e as políticas sociais. Procuramos, também, de forma didática, mas sem reducionismos teóricos, abordar os principais aspectos que configuram o tema central em seus elementos sócio-históricos, mantendo maior ênfase nos elementos contemporâneos. Fazemos isso cientes de que o conteúdo aqui exposto não esgota os fundamentos da "questão social" incorporados pelo Serviço Social desde o momento em que se fez perceber a intenção de romper com o conservadorismo, na década de 1980.

Isso significa que, para a compreensão ampliada da "questão social", você, leitor, deverá complementar os conteúdos deste livro com as principais categorias analíticas da crítica à economia política presentes em *O capital*, de Karl Marx, e também nas publicações de autores consagrados do Serviço Social que se debruçam sobre essa temática tão importante para os profissionais da área.

Há outro ponto a esclarecer, referente ao uso das aspas na utilização do termo *questão social*. É bem verdade que não são todos os estudiosos que as utilizam. Porém, os estudiosos críticos têm-na empregado a fim de alertar para aspectos teórico-metodológicos que singularizam o termo para o Serviço Social. Isso se deve às polêmicas sobre o objeto do Serviço Social que envolvem a discussão no interior da profissão.

Outro aspecto relevante é o entendimento de que as aspas indicam que a "questão social" é um conceito, e não uma categoria interpretativa e analítica, ou seja, é multifacetado, passível de inúmeras interpretações. As aspas diferenciam a concepção adotada pelo Serviço Social de outras concepções que utilizam o termo de forma indiscriminada para explicar o social e divergente da perspectiva predominante no Serviço Social brasileiro.

Vale lembrar que, evidentemente, a "questão social" não é matéria privativa do assistente social. Então, o uso das aspas sinaliza o fato de que o discurso hegemônico do Serviço Social contemporâneo busca a superação da vertente conservadora no tocante a esse tema. O objetivo é marcar uma distinção significativa perante outras formas de pensamento, as quais a entendem como inadaptação dos sujeitos à ordem socialmente estabelecida, ou seja, à ordem burguesa.

Esclarecido esse aspecto formal, passamos à apresentação da estrutura deste livro. Em sua concepção, buscamos nos orientar pelo intento de permitir que você escolha as temáticas que mais lhe interessam, muito embora recomendemos a leitura integral da obra, uma vez que os capítulos compõem uma unidade analítica e explicativa sobre a "questão social". Analisamos aspectos históricos, teóricos e metodológicos, tanto de alcance mundial quanto das particularidades do Brasil.

No Capítulo 1, listamos os fundamentos sócio-históricos da "questão social", objetivando diferenciar a visão conservadora da visão crítica sobre a matéria. Para tanto, apresentamos as origens do termo e a complexidade existente para sua compreensão.

No Capítulo 2, apresentamos alguns referenciais teóricos explicativos da "questão social" contemporânea. Trazemos à luz a análise de algumas categorias da crítica à economia política, necessárias para a compreensão do capitalismo monopolista, como: mundialização do capital, empresas multinacionais (EMNs) e financeirização do capital.

No Capítulo 3, expomos as particularidades da "questão social" brasileira com o intuito de fazê-lo compreender a formação da classe trabalhadora em nosso país, a emergência das políticas sociais e as formas de resistência dos trabalhadores diante da exploração do capital por meio de movimentos sociais, sindicatos e partidos políticos. De extrema importância nesse capítulo é a discussão sobre as crises cíclicas do capital, as quais incidem diretamente na "questão social".

Por fim, Capítulo 4, descreveremos o debate existente no interior da profissão e os principais posicionamentos contemporâneos, o que permitirá a reflexão e a compreensão da "questão social" para o exercício profissional do assistente social nos dias atuais.

Assim, nossa expectativa é que ocorra um excelente aproveitamento do conteúdo aqui trabalhado, pois temos a convicção teórica e metodológica de que a "questão social" tem se revelado cada vez mais importante. Isso nos parece ainda mais verdadeiro nesses tempos de barbárie social que ronda todos os países do globo, com particularidades impactantes na realidade brasileira. No contexto nacional, isso fica evidenciado, entre outros casos, em graus alarmantes de corrupção política, injustiças sociais, índices de violência assustadores e no suposto enfraquecimento de projetos coletivos em direção a uma nova ordem societária, presente nos discursos neoliberais.

Boa leitura!

Como aproveitar ao máximo este livro

Este livro traz alguns recursos que visam enriquecer o seu aprendizado, facilitar a compreensão dos conteúdos e tornar a leitura mais dinâmica. São ferramentas projetadas de acordo com a natureza dos temas que vamos examinar. Veja a seguir como esses recursos se encontram distribuídos no decorrer desta obra.

Conteúdos do capítulo:

- Fundamentos teóricos e sócio-históricos.
- Perspectiva conservadora.
- Visão crítica.
- Origens e relação com o capitalismo.

Após o estudo deste capítulo, você será capaz de:

1. descrever o surgimento da "questão social" no contexto social, político e econômico do século XIX;
2. citar as principais concepções sobre a "questão social" diante do capitalismo monopolista;
3. reconhecer a importância da lei geral da acumulação capitalista para a "questão social";
4. identificar as expressões clássicas da "questão social".

Conteúdos do capítulo:

Logo na abertura do capítulo, você fica conhecendo os conteúdos que nele serão abordados.

Após o estudo deste capítulo, você será capaz de:

Você também é informado a respeito das competências que irá desenvolver e dos conhecimentos que irá adquirir com o estudo do capítulo.

Fundamentos sócio-históricos da "questão social"

Síntese

Neste capítulo, explicamos as duas principais perspectivas de análise sobre a "questão social". Numa visão conservadora, trata-se de uma disfunção social de indivíduos ou grupo de indivíduos que, desprovidos de adaptação à sociedade burguesa (à exploração capitalista), representam um desequilíbrio à ordem, à harmonia e à coesão social. Já na visão crítica, é o resultado da exploração do trabalho pelo capital e da concentração de renda e propriedade, que configuram a desigualdade social. Entretanto, como o pensamento crítico visualiza as relações sociais numa perspectiva de classes, é preciso apreender a "questão social" na dimensão da exploração capitalista incorporando as lutas sociais desencadeadas pela classe trabalhadora pela garantia ou pela ampliação de direitos de cidadania.

A "questão social" tem origem na consolidação da classe operária. Sua natureza advém da exploração do trabalho no período de capitalismo concorrencial que caracterizou a Revolução Industrial, por volta de 1830. Desde 1850, o conceito tem sido incorporado no discurso conservador, tanto de estudiosos vinculados ao pensamento positivista quanto da Igreja, que reforçou seu conservadorismo com a publicação de encíclicas que tratavam do tema.

A base de sustentação teórica do conceito enfocado neste capítulo numa perspectiva crítica se encontra no Capítulo XXIII de *O capital*, intitulado "Lei geral da acumulação capitalista".

Síntese

Você dispõe, ao final do capítulo, de uma síntese que traz os principais conceitos nele abordados.

Estratégias do capital monopolista: mundialização e financeirização

Na dimensão político-ideológica da mundialização e da financeirização do capital, verifica-se a necessidade de controle da vida social em sua totalidade.

Para saber mais

PAULO NETTO, J.; BRAZ, M. **Economia política**: uma introdução crítica. São Paulo: Cortez, 2006. (Coleção Biblioteca Básica de Serviço Social).
Nesse livro, os autores apresentam uma análise didática e refinada sobre as principais categorias da economia política, avançando para os principais movimentos do capitalismo contemporâneo.

SALVADOR, E. et al. (Org.). **Financeirização, fundo público e política social**. São Paulo: Cortez, 2012.
O livro apresenta vários artigos de assistentes sociais e de profissionais de áreas afins com o objetivo de explicar o processo de financeirização do capital para as políticas sociais no Brasil. Essa é uma leitura de fácil compreensão e que permite que você aprofunde seus conhecimentos sobre a relevância da financeirização para a "questão social" em nosso país.

MARQUES, R. M.; FERREIRA, M. R. J. (Org.). **O Brasil sob uma nova ordem**: a economia brasileira contemporânea – uma análise dos governos Collor a Lula. São Paulo: Saraiva, 2010.
O livro aborda aspectos fundamentais das políticas econômicas e sociais dos governos neoliberais do período de Fernando Collor de Melo a Luiz Inácio Lula da Silva. Apresenta a ótica de economistas progressistas, os quais esclarecem vários conceitos importantes para a compreensão do capitalismo contemporâneo na perspectiva crítica.

Para saber mais

Você pode consultar as obras indicadas nesta seção para aprofundar sua aprendizagem.

Questões para revisão

1. Qual foi a principal motivação para o processo de mundialização do capital?
   a) Distribuir melhor riqueza mundialmente construída.
   b) Liberalizar e desregulamentar o mercado financeiro internacional.
   c) Fazer manutenção das taxas de lucro dos países capitalistas.
   d) Implantar um processo de ajuda econômica aos países de capitalismo dependente.

2. É correto afirmar que a dimensão político-ideológica da mundialização e da financeirização do capital:
   a) refere-se ao controle da produção e da distribuição da riqueza socialmente produzida.
   b) diz respeito ao crescimento dos bancos com a propagação de outros procedimentos econômicos, como seguros, corretagem, câmbio, investimentos etc.
   c) é a ideia de esgotamento do "socialismo real" decorrente da estagnação financeira que atingiu a URSS e outros países de orientação socialista, no final da década de 1980.
   d) refere-se à necessidade de controle e domínio da vida social dos sujeitos em sua totalidade.

3. Como a mundialização e a financeirização do capital refletem na "questão social" dos países?
   a) Com o aumento de postos de trabalho e também dos salários da classe trabalhadora.
   b) Com o fortalecimento do capital produtivo em detrimento do capital especulativo.
   c) Com a liberalização e a desregulamentação dos mercados, ampliando a exploração do trabalho pelo capital.
   d) Com a redução da mais-valia e a consequente redução dos salários da classe trabalhadora.

4. O que é capital fictício?

5. Qual é a origem do capital especulativo?

Questões para revisão

Com estas atividades, você tem a possibilidade de rever os principais conceitos analisados. Ao final do livro, o autor disponibiliza as respostas às questões, a fim de que você possa verificar como está sua aprendizagem.

5. Quais são as principais bases teóricas sobre as quais se sustentam a "questão social" para o Serviço Social contemporâneo?

Questões para reflexão

1. Qual foi a influência da Igreja Católica no fortalecimento da visão conservadora sobre a "questão social"?
   Dica: Lembre-se da Encíclica *Rerum Novarum* do Papa Leão XIII, publicada em 1891.

2. Quais são as origens da "questão social" para José Paulo Netto?
   Dica: Faça a relação com a consolidação do capitalismo por ocasião da Revolução Industrial.

3. Qual é sua compreensão sobre a lei geral da acumulação capitalista?
   Dica: Pense na relação entre capital constante e capital variável.

4. Qual a principal característica do capitalismo concorrencial?
   Dica: Lembre-se do período da Revolução Industrial e a extração da mais-valia do trabalho produtivo.

Questões para reflexão

Nesta seção, a proposta é levá-lo a refletir criticamente sobre alguns assuntos e trocar ideias e experiências com seus pares.

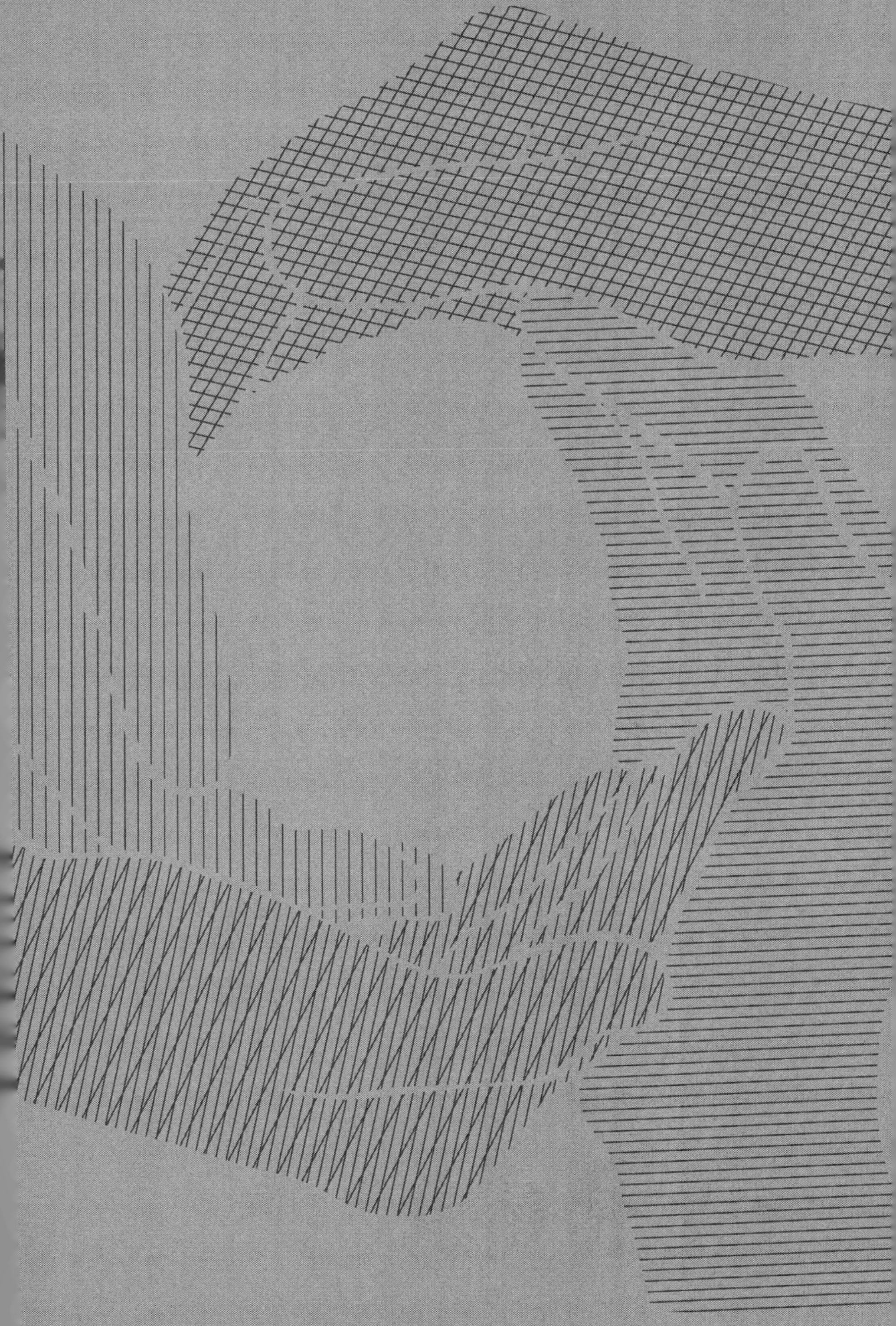

CAPÍTULO 1

Fundamentos sócio-históricos da "questão social"

Conteúdos do capítulo:
- Fundamentos teóricos e sócio-histótico.
- Perspectiva conservadora.
- Visão crítica.
- Origens e relação com o capitalismo.

Após o estudo deste capítulo, você será capaz de:
1. descrever o surgimento da "questão social" no contexto social, político e econômico do século XIX;
2. citar as principais concepções sobre a "questão social" diante do capitalismo monopolista;
3. reconhecer a importância da lei geral da acumulação capitalista para a "questão social";
4. identificar as expressões clássicas da "questão social".

Este capítulo aborda as principais correntes de pensamento sobre a "questão social", sua emergência e sua natureza histórica. Trazemos à luz as análises de autores consagrados no Serviço Social brasileiro, como José Paulo Netto e Marilda Iamamoto, para apresentar as bases teóricas e filosóficas que foram estudadas e incorporadas pelo projeto profissional do Serviço Social ao referido tema. Você perceberá que a base de sustentação teórica sobre a qual se sustenta a "questão social" se encontra na lei geral da acumulação capitalista de Karl Marx, de forma a explicar a exploração capitalista como ponto de partida para as desigualdades sociais e para a pauperização – consideradas as expressões clássicas da "questão social".

1.1 Principais perspectivas teóricas

Conceituar *questão social* é uma tarefa bastante complexa, pois esta não se trata de uma categoria social, que permitiria a análise de aspectos concretos da realidade social de forma mais direta. Portanto, como conceito, a "questão social"[1] invoca inúmeras interpretações, ou seja, o termo pode ser compreendido: com base em concepções conservadoras e a-históricas, que o entendem como indicador de não adaptação dos indivíduos à ordem social (burguesa); ou em consonância com concepções mais progressistas e críticas, como é o caso da perspectiva crítico-dialética adotada pelo Serviço Social brasileiro.

---

1 Utilizamos, a exemplo de outros autores, aspas ao citar o termo *questão social*. Isso ocorre porque as aspas foram adotadas como "'solução' para o fato da 'questão social' não poder ser alçada ao estatuto de uma categoria no sentido marxiano como 'forma de ser, determinação da existência'. A 'questão social' em si, a partir dessa acepção, não existe na realidade, e, assim sendo, deve ser entendida como um conceito – cuja natureza é reflexiva, intelectiva – e não como categoria" (Santos, 2008, p. 27).

O Serviço Social, desde o início do processo de ruptura com o conservadorismo desencadeado na década de 1980, assumiu hegemonicamente a perspectiva marxista (crítico-dialética) para explicar a "questão social", uma vez que a profissão assumiu esse conceito como

> base de sua fundação enquanto especialização do trabalho. Os assistentes sociais, por meio da prestação de serviços socioassistenciais – indissociáveis de uma dimensão educativa (ou político-ideológica) – realizados nas instituições públicas e organizações privadas, interferem nas relações sociais cotidianas, no atendimento às variadas expressões da questão social, tais como experimentadas pelos indivíduos sociais no trabalho, na família, na luta pela moradia e pela terra, na saúde, na assistência social pública, entre outras dimensões, [...] requer para o seu enfrentamento a prevalência das necessidades da coletividade dos trabalhadores, o chamamento à responsabilidade do Estado e a afirmação de políticas sociais de caráter universal, voltadas aos interesses das grandes maiorias, condensando um processo histórico de lutas pela democratização da economia, da política, da cultura na construção da esfera pública. (Iamamoto, 2007b, p. 163)

Dessa forma, neste livro, empreendemos esforços para explicar a perspectiva crítica da "questão social" ao analisar alguns trabalhos de estudiosos dessa matéria, sobretudo, os que se dedicam ao Serviço Social, mas não somente, pois nos valemos de autores de outras áreas das ciências humanas e sociais para demonstrar que a "questão social" não é apenas sinônimo de "problemas sociais". É um conceito que tem fundamentos próprios, cujas principais análises explicativas se encontram nas categorias da economia política do pensamento marxista.

Numa **perspectiva conservadora**, a "questão social" é concebida como **disfunção social** de indivíduos ou grupo de indivíduos que, desprovidos de adaptação à sociedade burguesa, representam um desequilíbrio à ordem, à harmonia e à coesão social. Entenda-se que a ideia de disfunção social é derivada, sobretudo, da inadaptação dos sujeitos ao processo de produção capitalista, isto é, das variadas formas de exploração e domínio do capital sobre o trabalho.

Já na **perspectiva crítica**, a "questão social" é entendida como resultado da exploração do trabalho pelo capital e da concentração de renda e propriedade que configuram a **desigualdade social**. Entretanto, como o pensamento crítico visualiza as relações sociais numa perspectiva de classes, é preciso apreender a "questão social" não somente na dimensão da exploração capitalista, mas também das lutas históricas desencadeadas pela classe trabalhadora pela garantia ou pela ampliação de direitos de cidadania. Em outras palavras, na perspectiva crítica, ou seja, iluminada pela teoria marxista, a "questão social" deve ser entendida, também, como um conceito derivado da **luta de classes** nas relações sociais de produção capitalista, ou seja, abrange dupla dimensão. Por um lado, envolve a exploração do trabalho pelo capital e a expropriação de direitos sociais imanentes às relações capitalistas, e, por outro, explicita a inconformidade e a resistência da classe trabalhadora perante a exploração capitalista.

Contudo, a perspectiva crítica aplicada ao conceito em foco é algo muito recente na profissão. Das origens do Serviço Social até a segunda metade da década de 1970, predominou a visão conservadora tanto no discurso quanto na prática profissional dos assistentes sociais[2].

Quando usamos a expressão *visão conservadora*, fazemos referência a concepções positivistas que agregam elementos psicologizantes à "questão social" e destituem as dimensões econômica e política que atravessam sua materialidade. Essa perspectiva tende a individualizar a natureza da "questão social" considerando-a

---

2 Para aprofundar o conhecimento sobre o conservadorismo, consulte Escorsim Netto (2011). Na obra, a autora explica as raízes do conservadorismo e sua persistência contemporânea. Segundo ela: "Nos primeiros conservadores, a recusa da revolução expressava um repúdio à **revolução burguesa** [...]; nos conservadores que trabalham nas condições pós-[18]48, com a evidência da inviabilidade da restauração, o conservadorismo passa a expressar o repúdio a **qualquer revolução** – ou seja, o pensamento conservador passa a se definir explicitamente como contrarevolucionário" (Escorsim Netto, 2011, p. 50, grifo do original). "A característica mais imediata do conservadorismo contemporâneo [...] consiste em que *ele* **não se apresenta como conservadorismo** e, portanto, **oculta e escamoteia sua raiz e seus conteúdos conservadores**" (Escorsim Netto, 2011, p. 16, grifo do original).

como problemas de desajustamento ou inadaptação dos sujeitos à ordem burguesa.

Isso ocorre porque, na visão conservadora, são suprimidas as relações socioeconômicas que determinam as relações de classe. Como explica Iamamoto (2007a, p. 24), a visão conservadora entende a organização da sociedade como "fruto de uma ordenação natural do mundo". Segundo a autora,

> Os efeitos da exploração capitalista do trabalho são reconhecidos e transformados em "problemas sociais", justificadores da ação profissional; mas não se colocam em questão as razões históricas dessa exploração. Este esquema de percepção permite conciliar a concepção humanista-cristã de vida e a exploração burguesa do trabalho. Aí a exploração das classes é suposta e os esforços passam a se orientar no sentido de fazer com que burguês e operário sejam solidários. (Iamamoto, 2007a, p. 29)

Aqui, vale observar que a perspectiva conservadora sobre a "questão social" não converge com os fundamentos da lei geral da acumulação capitalista de Marx (1984) e com os fundamentos do Serviço Social quando consideramos o projeto ético-político da profissão.

1.2 Origens

Na perspectiva crítica, as origens da "questão social" são associadas ao período do capitalismo concorrencial que caracterizou a Revolução Industrial, sobretudo a partir de 1830. Trata-se de um período de consolidação da classe operária europeia e de **processos progressivos de pauperização absoluta** derivada da **exploração do trabalho**.

Naquele momento, os principais países da Europa vivenciavam um processo intenso de empobrecimento, o que surpreendia aqueles que tinham acreditado ingenuamente que o capitalismo seria um modo de produção favorável às condições de vida para todos, inclusive para a emergente classe operária. O contexto era alarmante e instigava os economistas à construção de teorias que explicassem por que o capitalismo promovia imensa riqueza para alguns e, simultaneamente, enorme pobreza para a maioria da população. Nesse sentido, Paulo Netto (2005), um grande estudioso da "questão social" mundial e brasileira, analisa aquele processo da seguinte forma:

> Se não era inédita a **desigualdade** entre as várias camadas sociais, se vinha de muito longe a **polarização** entre ricos e pobres, se era antiquíssima a diferente apropriação e fruição dos bens sociais, era radicalmente nova a dinâmica da pobreza que então se generalizava. Pela primeira vez na história registrada, a **pobreza crescia na razão direta em que aumentava a capacidade social de produzir riquezas**. (Paulo Netto, 2005, p. 153, grifo do original)

Lembre-se de que, naquele momento, o capitalismo vivia seu estágio concorrencial: a exploração dos trabalhadores ocorria, principalmente, em virtude da concorrência entre as empresas pela ampliação frenética de suas taxas de lucro, prevalecendo a **reprodução do capital pela extração da mais-valia do trabalho produtivo**. Contudo, aquele processo promovia uma das principais contradições do capitalismo, ou seja, "tanto mais a sociedade se revelava capaz de progressivamente produzir mais bens e serviços, tanto mais aumentava o contingente de seus membros que, além de não terem acesso efetivo a tais bens e serviços, viam-se despossuídos das condições materiais de vida de que dispunham anteriormente" (Paulo Netto, 2005, p. 153).

É importante estar claro para você que, nas sociedades precedentes – por exemplo, no modo de produção feudal –, a desigualdade social e a pobreza já existiam em larga escala; entretanto, eram fenômenos sociais que não estavam vinculados aos processos de expropriação de mais-valia, mas às guerras pela conquista de territórios ou à escassez de produtos e ao baixo desenvolvimento das forças produtivas. As agruras do período feudal eram derivadas de catástrofes naturais, epidemias, pragas que atingiam as pequenas produções agrícolas etc. Tais fenômenos naturais costumavam ser os principais fatores responsáveis pelos períodos marcados por fome, doenças, frio, falta de vestimentas, entre outros problemas. Mais tarde, com a consolidação do capitalismo, as causas da penúria dos trabalhadores revelaram-se, fundamentalmente, na **exploração do trabalho pelo capital**. Outro fator importante a destacar é que, somente a partir do século XIX, a **desigualdade social** e o **pauperismo** passaram a ser designados pelo Estado como "questão social", o que, de acordo com Paulo Netto (2005), está relacionado diretamente aos desdobramentos sociopolíticos que consolidaram a classe operária como protagonista de seus enfrentamentos no contexto da **luta de classes**. O autor explica que

> da primeira década até a metade do século XIX, o protesto da classe operária tomou as mais diversas formas, da violência luddista à constituição das *trade unions*, configurando uma ameaça real às instituições sociais existentes. Foi a partir da perspectiva efetiva de uma eversão da ordem burguesa que o pauperismo designou-se como "questão social". (Paulo Netto, 2001, p. 154)

Posteriormente, a partir de 1850, a "questão social" foi sendo incorporada ao discurso conservador, tanto de estudiosos vinculados ao pensamento positivista quanto da Igreja. Nessa perspectiva, a classe dominante vislumbrava a adaptação dos sujeitos à ordem social (sociedade burguesa) sob o ponto de vista da "normalidade" e enaltecia o liberalismo econômico como a melhor forma de produção e reprodução da vida social.

A encíclica *Rerum Novarum* do Papa Leão XIII, divulgada em 1891, por exemplo, demonstra a tentativa de combater a "questão social" pela via da **moralização social** e da **piedade dos ricos** para com os pobres. Essa encíclica preconiza uma convivência harmônica entre capital e trabalho por meio da **aceitação dos sujeitos à sua condição de classe**.

Por um lado, o papa acreditava ser necessário proteger os trabalhadores explorados; por outro, defendia a preservação da propriedade privada, numa **perspectiva conservadora e moralizante de que é possível a conciliação de classes**.

De acordo com Castro (2006), a encíclica *Rerum Novarum* menciona a necessidade de tocar no cerne da "questão social", esclarecendo que essa tarefa compete à Igreja em razão da relação que existe entre sua causa e a do bem comum. O texto se posicionava criticamente aos capitalistas:

> Acrescendo o mal, sobreveio a usura voraz que, repetidamente condenada pela sentença da Igreja, prossegue disfarçando sua essência sob formas várias, exercida por homens avaros e ambiciosos. Some-se a isto o fato de que a produção e o comércio de todas as coisas estão quase inteiramente em poucas mãos, de modo que uns quantos homens riquíssimos e opulentos impuseram sobre a multidão inumerável de proletários um jugo que pouco difere da escravidão. (Rerum Novarum, Encíclica del Papa León XIII, p. 3-4, citado por Castro, 2006, p. 52)

Entretanto, a encíclica defendia contundentemente a preservação da propriedade privada, criticava o socialismo e considerava a desigualdade social um fenômeno natural (divino), impossível de superação. Isso fica claro no seguinte trecho:

> não há outra alternativa senão a de acomodar-se à condição humana; na sociedade civil não pode haver igualdade – há os altos e os baixos. Nem todos são iguais em talento, inteligência, saúde e força; e à necessária desigualdade destes dons segue-se espontaneamente a desigualdade na fortuna, que é claramente conveniente à utilidade, quer dos particulares, quer da comunidade. (Rerum Novarum, Encíclica del Papa León XIII, p. 15-16, citado por Castro, 2006, p. 52)

Posteriormente, esses preceitos foram reafirmados com mais força na encíclica *Quadragesimo Anno*, do Papa Pio XI, de 1931. Na comemoração dos quarenta anos de vigência da *Rerum Novarum*, o Papa Pio XI disse que essa encíclica "distingue-se particularmente das outras encíclicas por ter traçado, quando era muito oportuno e necessário, normas seguríssimas, para todo o gênero humano, para solucionar os graves problemas da sociedade, compreendidos sob a denominação de 'questão social'" (Discurso de Papa Pio XI, citado por Castro, 2006, p. 62). Observamos que a encíclica influenciou enormemente as protoformas do Serviço Social brasileiro, a partir da Ação Católica, entre as décadas de 1920 e 1930.

O que se nota tanto na corrente positivista de Auguste Comte (1798-1857) e do sociólogo francês Émile Durkheim (1858-1917) quanto na da Igreja Católica é a **naturalização das desigualdades sociais e da pobreza**. Segundo essa visão, a construção ideopolítica de que a "questão social" deve ser enfrentada com estratégias moralizantes em vez de estratégias político-econômicas, de forma a manter intactas as premissas da reprodução capitalista, sobretudo da propriedade privada dos meios de produção. "Trata-se de combater as manifestações da 'questão social' sem tocar nos fundamentos da sociedade burguesa. Tem-se aqui, obviamente, um **reformismo para conservar**" (Paulo Netto, 2005, p. 155, grifo nosso).

Portanto, até o fim do século XIX, a "questão social" foi incorporada muito mais pelo discurso conservador presente no positivismo e na Igreja do que pelas forças revolucionárias que combatiam a exploração capitalista. Somente com a emergência do capitalismo monopolista[3], por volta de 1890 (para os países imperialistas), e os rebatimentos dos trabalhadores com suas lutas por direitos é que a classe trabalhadora consolidou seu projeto

---
3 Nos países de capitalismo central, a emergência do capitalismo monopolista ocorreu por volta de 1890 e consolidou-se nos marcos da Segunda Guerra. De acordo com Paulo Netto (2005), teve por objetivo fundamental aumentar os lucros capitalistas mediante o controle dos mercados. O autor explica que "essa organização – na qual o sistema bancário e creditício tem seu papel econômico financeiro redimensionado – comporta níveis e formas diferenciados que vão desde o 'acordo de cavalheiros' à fusão de empresas, passando pelo *pool*, o cartel e o truste [...] a organização monopólica introduz na economia capitalista um leque de fenômenos que deve ser sumariado: a) os preços das mercadorias (e serviços) produzidas pelos monopólios tendem a crescer progressivamente; b) as taxas de lucro tendem a ser mais altas nos setores monopolizados; c) a taxa de acumulação se eleva, acentuando a tendência descendente da taxa média de lucro e a tendência ao subconsumo; d) o investimento se concentra nos setores de maior concorrência, uma vez que a inversão nos monopolizados torna-se progressivamente mais difícil (logo a taxa de lucro que determina a opção do investimento se reduz); e) cresce a tendência a economizar trabalho 'vivo', com a introdução de novas tecnologias; f) os custos de venda sobem, com um sistema de distribuição e apoio hipertrofiado – o que, por outra parte, diminui os lucros adicionais dos monopólios e aumenta o contingente de consumidores improdutivos (contrarrestando, pois, a tendência ao subconsumo)" (Paulo Netto, 2005, p. 20-21, grifo do original).

de classe, organizando-se numa perspectiva verdadeiramente revolucionária em confronto com a sociedade burguesa. Paulo Netto (2005) afirma que

> o protagonismo proletário [...], na configuração da idade do monopólio, põe a resolução da "questão social" como variável das lutas direcionadas à ultrapassagem da sociedade burguesa. Mas não se trata, somente, da **politização** da "questão social", num andamento antípoda a qualquer visão conservadora ou reacionária: trata-se de visualizar a sua solução como **processo revolucionário**. Isto: a "questão social" é colocada no seu terreno específico, o do antagonismo entre o capital e o trabalho, nos confrontos entre seus representantes. (Paulo Netto, 2005, p. 59, grifo do original)

Certamente, a visão conservadora sobre o tema persiste até os dias atuais, mas, analisando fundamentos históricos, é necessário ter clareza de que foram as lutas dos trabalhadores no fim do século XIX que inscreveram a "questão social" no plano da política e da economia, favorecendo a construção de paradigmas críticos para a compreensão desse conceito. Dito de outra forma, foi por meio da luta da classe trabalhadora pela ampliação de direitos de cidadania que a "questão social" passou a ser reconhecida social, política e economicamente, e que, a partir da experiência da Comuna de Paris, em 1871, se consolidou a "elaboração de seus dois principais instrumentos de intervenção sociopolítica, o sindicato e o partido proletário" (Paulo Netto, 2005, p. 55).

A utilização do termo *questão social* como matéria-prima do Serviço Social (Iamamoto, 2001b) é fruto das lutas da classe trabalhadora pela consolidação e/ou ampliação de direitos civis, políticos, econômicos e sociais e, em termos teóricos, de uma interpretação da obra de Marx, sobretudo, de *O capital*, quando o autor explica, no Capítulo XXIII, a **lei geral da acumulação**

capitalista[4]. No processo de valorização do capital, à proporção que se amplia a acumulação capitalista, amplia-se, ao mesmo tempo e de forma inexorável, a exploração do trabalho. Marx (1984) afirma que

> a lei que mantém a superpopulação relativa ou o exército industrial de reserva no nível adequado ao incremento e à energia da acumulação [...] determina uma acumulação de miséria correspondente à acumulação de capital [...] acumulação de riqueza num polo é ao mesmo tempo acumulação de miséria. (Marx, 1984, p. 749)

Em sua obra, Marx nunca utilizou o termo *questão social*. Entretanto, como explicamos anteriormente, sob influência dos movimentos revolucionários do século XIX e dos escritos de Marx, emergiram interpretações críticas sobre a temática, e alguns setores mais progressistas passaram a interpretá-la como um conjunto de fenômenos sociais, políticos, econômicos e culturais determinados pela exploração do trabalho pelo capital. Em outras palavras, a exploração capitalista é subsídio para a compreensão da "questão social" na perspectiva crítico-dialética. Lembremos que, na sociedade capitalista, o trabalho, sobretudo o assalariado, constitui a única forma de sobrevivência dos sujeitos. Todos sabemos que a relação entre capital e trabalho é conflituosa, representando a principal expressão da luta de classes.

---

4 "Lei geral da acumulação capitalista" é o título do Capítulo XXIII de *O capital*, em que Marx explica a interdependência entre a classe trabalhadora e a classe capitalista e, também, o consequente processo de pauperização no processo de exploração do trabalho pelo capital. Marx (1984) apresenta a relação entre capital constante e capital variável para explicar que o progresso tecnológico, por meio do investimento em capital constante, aumenta a produtividade do trabalho e, consequentemente, o valor da mais-valia. Por outro lado, esse mesmo processo diminui o valor da força de trabalho. Portanto, num processo de acumulação ininterrupto, o emprego de máquinas somente amplia a mais-valia se houver a redução do número de trabalhadores e, com isso, o capital variável progressivamente se reduz em relação ao capital constante. Por isso, a lei geral da acumulação capitalista revela que a produção de riqueza promove necessariamente a pauperização da classe trabalhadora (Marx, 1984).

Evidentemente, não podemos reduzir a explicação da "questão social" a uma relação de causa e efeito pautada somente pelas relações de trabalho, muito embora estas sejam uma de suas mais evidentes expressões. Essa explicação implica a totalidade dos movimentos do capital para conhecer, progressivamente, a totalidade dos processos de exploração e reprodução ampliada do capital. Por isso, Paulo Netto (2005) afirma que a lei geral da acumulação capitalista, de Marx:

> revela a anatomia da "questão social", sua complexidade, seu caráter de corolário (necessário) do desenvolvimento capitalista em todos os seus estágios. O desenvolvimento capitalista produz, compulsoriamente, a "questão social" – **diferentes estágios capitalistas produzem diferentes manifestações da "questão social"**; esta não é uma sequela adjetiva ou transitória do regime do capital: sua existência e suas manifestações são indissociáveis da dinâmica específica do capital tornado potência social dominante. A "questão social" é constitutiva do desenvolvimento do capitalismo. Não se suprime a primeira conservando-se o segundo. (Paulo Netto, 2005, p. 157, grifo do original)

É necessário salientar, ainda, que a "questão social", vista em sua concretude nas expressões ou nas manifestações do cotidiano da vida social, não deve ser reduzida à desigualdade social e à pauperização. Estas representam as expressões mais imediatas da exploração capitalista e, portanto, da "questão social". Explicitaremos, no Capítulo 2, que existem desdobramentos da desigualdade social e da pauperização, sempre vinculados à lei geral da acumulação capitalista e, nesse caso, categorias analíticas como *trabalho, produção, propriedade privada dos meios de produção, divisão social do trabalho, concentração de renda e propriedade, centralização de capitais* e outros componentes da economia política de Marx (1984) apresentam-se como determinantes.

Síntese

Neste capítulo, explicamos as duas principais perspectivas de análise sobre a "questão social". Numa visão conservadora, trata-se de uma disfunção social de indivíduos ou grupo de indivíduos que, desprovidos de adaptação à sociedade burguesa (à exploração capitalista), representam um desequilíbrio à ordem, à harmonia e à coesão social. Já na visão crítica, é o resultado da exploração do trabalho pelo capital e da concentração de renda e propriedade, que configuram a desigualdade social. Entretanto, como o pensamento crítico visualiza as relações sociais numa perspectiva de classes, é preciso apreender a "questão social" na dimensão da exploração capitalista incorporando as lutas sociais desencadeadas pela classe trabalhadora pela garantia ou pela ampliação de direitos de cidadania.

A "questão social" tem origem na consolidação da classe operária. Sua natureza advém da exploração do trabalho no período de capitalismo concorrencial que caracterizou a Revolução Industrial, por volta de 1830. Desde 1850, o conceito tem sido incorporado no discurso conservador, tanto de estudiosos vinculados ao pensamento positivista quanto da Igreja, que reforçou seu conservadorismo com a publicação de encíclicas que tratavam do tema.

A base de sustentação teórica do conceito enfocado neste capítulo numa perspectiva crítica se encontra no Capítulo XXIII de *O capital*, intitulado "Lei geral da acumulação capitalista".

Para saber mais

Periódico

TEMPORALIS: Revista da Associação Brasileira de Ensino e Pesquisa em Serviço Social. Brasília, ano 2, n. 3, jan./jun. 2001.

Nesse número da revista Temporalis, você encontra artigos sobre a "questão social" escritos por autores importantes do Serviço Social.

Livro

IAMAMOTO, M.; CARVALHO, R. **Relações sociais e Serviço Social no Brasil**: esboço de uma interpretação histórico-metodológica. São Paulo: Cortez, 1985.

Nesse livro clássico para a área, você tem acesso a uma explicação ampliada sobre a relação entre o Serviço Social e a "questão social" no Brasil.

Filme

GERMINAL. Direção: Claude Berri. França, 1993. 170 min.

Esse filme, de 1993, baseado na obra do escritor Émile Zola, retrata os níveis assombrosos de exploração capitalista no período da Revolução Industrial e as péssimas condições de vida da classe trabalhadora. Ao assistir ao filme, você certamente se lembrará dos conteúdos deste capítulo, ampliando sua compreensão sobre aquele período sócio-histórico.

Questões para revisão

1. O que se entende por *discurso conservador sobre a "questão social"*?

   a) Um discurso que preconiza a liberdade e a igualdade entre os sujeitos, tendo como princípios basilares a transformação social.

   b) Um discurso que acredita na inadaptação dos sujeitos à ordem socialmente estabelecida, naturalizando e psicologizando as relações sociais.

   c) Um discurso sociopolítico que privilegia a historicidade dos fenômenos sociais, tecendo sérias críticas à naturalização das relações sociais.

   d) Um discurso moderado que preconiza a intervenção do Estado na regulação dos direitos sociais.

2. Assinale a alternativa em que se explica a relação entre o capitalismo e as origens da "questão social".

   a) A "questão social" tem origem na emergência do capitalismo monopolista no início do século XIX e tem como expressões clássicas a violência e a desigualdade social.

   b) A gênese da "questão social" está vinculada à vigência do capitalismo concorrencial e à exploração capitalista consolidada a partir da Revolução Industrial na Europa do século XIX.

   c) A "questão social" emerge no período da Revolução Burguesa, quando vigorava o pré-capitalismo, e se desdobrou em práticas socialistas lideradas pelos luddistas.

   d) Em suas origens, a "questão social" representava a classe capitalista e seus interesses lucrativos num período de capitalismo mercantil.

3. Em que consiste a dupla dimensão da "questão social"?

   a) No fato de a "questão social" ao mesmo tempo se referir à desigualdade social e à pauperização da classe trabalhadora.

   b) Na coexistência da visão conservadora e da visão crítico-dialética sobre o termo.

c) Na correspondência à desigualdade social e à lei geral da acumulação capitalista.

d) Na coexistência de processos de exploração capitalista e de enfrentamentos da classe trabalhadora.

4. Quais são as principais diferenças entre o processo de pauperização vigente no regime feudal e o processo que caracteriza o capitalismo?

5. Quais são as principais bases teóricas sobre as quais se sustentam a "questão social" para o Serviço Social contemporâneo?

Questões para reflexão

1. Qual foi a influência da Igreja Católica no fortalecimento da visão conservadora sobre a "questão social"?

   Dica: Lembre-se da Encíclica *Rerum Novarum* do Papa Leão XIII, publicada em 1891.

2. Quais são as origens da "questão social" para José Paulo Netto?

   Dica: Faça a relação com a consolidação do capitalismo por ocasião da Revolução Industrial.

3. Qual é sua compreensão sobre a lei geral da acumulação capitalista?

   Dica: Pense na relação entre capital constante e capital variável.

4. Qual a principal característica do capitalismo concorrencial?

   Dica: Lembre-se do período da Revolução Industrial e da extração da mais-valia do trabalho produtivo.

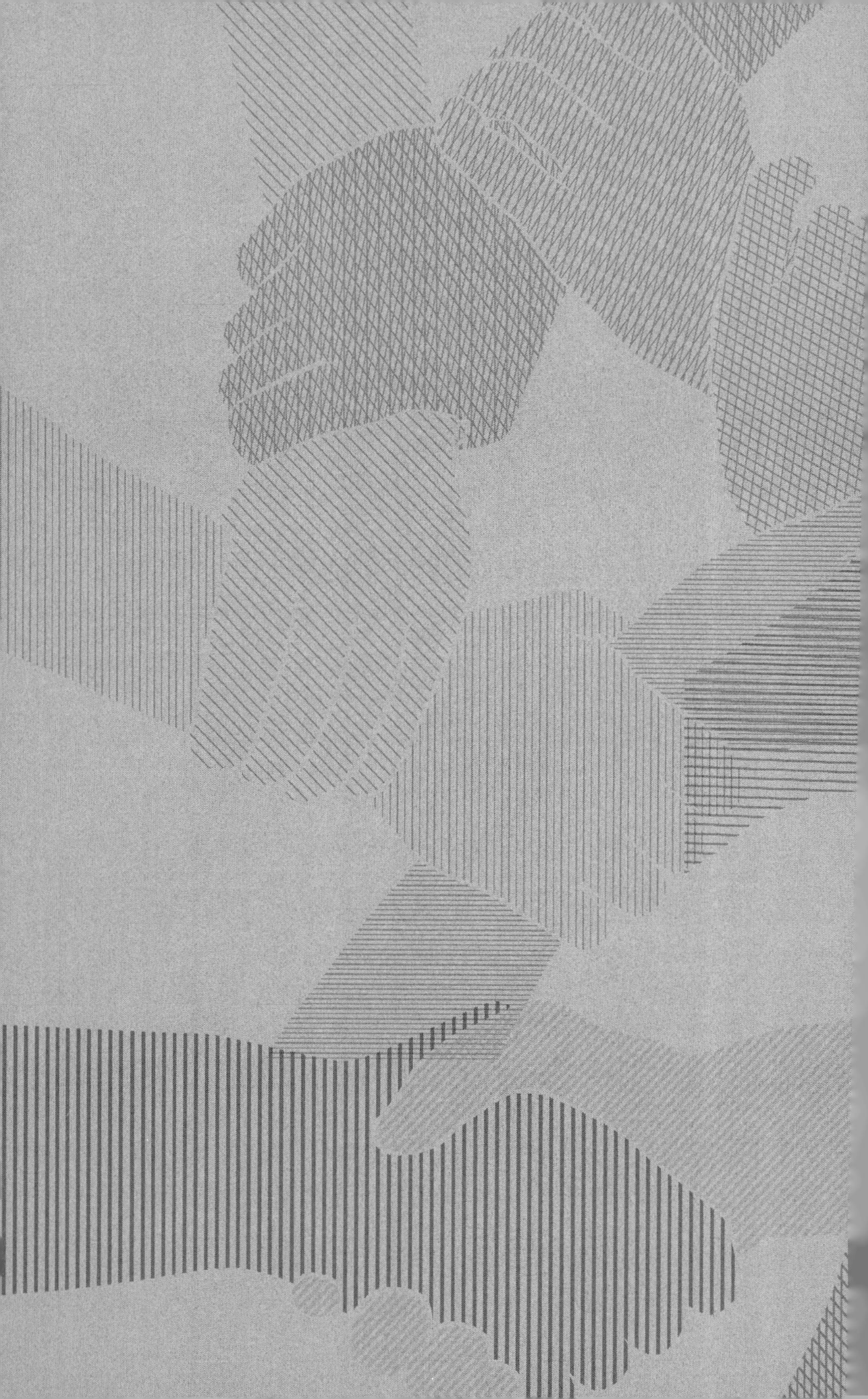

CAPÍTULO 2

Estratégias do capital monopolista: mundialização e financeirização

Conteúdos do capítulo:

- Mundialização do capital e "questão social".
- Reestruturação produtiva do capital e classe trabalhadora.
- Empresas multinacionais (EMNs) como estratégia de valorização da acumulação capitalista.
- Financeirização do capital e rebatimentos para a classe trabalhadora.

Após o estudo deste capítulo, você será capaz de:

1. descrever o processo a mundialização do capital e identificar de que forma essa estratégia do capitalismo incide na "questão social" dos países capitalistas;
2. identificar a entrada de capital estrangeiro no país, por intermédio das multinacionais;
3. reconhecer a importância dos direitos sociais e trabalhistas para a classe trabalhadora;
4. interpretar os protestos populares que ocorrem nos países de capitalismo dependente;
5. explicar o que é a financeirização do capital e seus rebatimentos para a "questão social".

Neste capítulo, analisaremos alguns movimentos do capital monopolista que foram gestados no pós-Segunda Guerra e se consolidaram nos países imperialistas na segunda metade da década de 1970, como enfrentamento à crise estrutural do capitalismo iniciada em 1974.

Nessa investigação, demonstraremos que a mundialização do capital, também denominada pelo liberalismo econômico de *globalização*, é uma estratégia político-econômica para restabelecer os lucros do capital, em queda decorrente da crise. Outras expressões desse objetivo restaurador são a instalação de multinacionais nos países nos quais a força de trabalho é mais barata e mecanismos de limitação da combatividade dos sindicatos. Acrescenta-se a essas estratégias a financeirização do capital em conjunto com o neoliberalismo e a reestruturação produtiva. Todas essas medidas tinham como objetivo a salvaguarda do capitalismo diante da crise da década de 1970, que persiste até os dias atuais.

2.1 Mundialização do capital e seus reflexos para a "questão social"

A mundialização do capital é um fenômeno imanente ao desenvolvimento do capitalismo e teve início no pós-Segunda Guerra. Trata-se de um fenômeno que altera profundamente as relações intercapitalistas ocidentais à medida que amplia a profusão de capitais em escala global. Logo, no período referido, a centralização de capitais em grandes monopólios nacionais alcançou proporções gigantescas e promoveu, progressivamente, a **fusão**

internacional do capital[1]. A consolidação desse processo ocorreu a partir da crise estrutural do capital, iniciada na década de 1970, e configura o que se convencionou chamar de *mundialização do capital* ou *globalização*. É um processo que determina e, simultaneamente, é determinado pela reestruturação produtiva do capital e atinge a "questão social" de todos os países do globo.

Em paralelo à mundialização do capital, desenvolveu-se a incorporação da vertente neoliberal nos processos sociais, políticos, econômicos e culturais. Como desdobramento, emergiu também no âmbito internacional na década de 1970 um cenário progressivo de economia política mundializada de tendência ultraliberal.

A mundialização do capital liberalizou e desregulamentou o mercado financeiro internacional, fazendo prevalecer a conexão imediata entre diferentes instituições político-econômicas e diversos Estados nacionais com o objetivo de retomar a reprodução ampliada do capital diante da crise.

---

1 Para aprofundamento do tema, consulte Mandel (1982). Nessa obra, o autor aprofunda os tipos de fusão existentes, levando em conta os diferentes proprietários de capital. O caso mais comum de fusão é aquele em que empresas menores são absorvidas por companhias maiores, sendo o capital centralizado por uma empresa internacional. No Brasil, por exemplo, as empresas nacionais Brahma e Antártica uniram-se, dando origem à Ambev, que controla grande parte do mercado brasileiro. No ano 2000, a nova organização comprou, no Uruguai, a Norteña (de capital alemão) e a Salus (de capital francês), além de várias empresas brasileiras. Em 2002, associou-se com a Quinsa (argentina), que era a maior proprietária da Pilsen (uruguaia) e à gigante belga Interbrew, formando a Inbev, que adquiriu a Budweiser. Esse é um exemplo de absorção de empresas menores por empresas maiores. Existem, porém, outras modalidades, por exemplo, quando os monopólios podem se fundir a partir de diferentes proprietários associados com uma empresa internacional que não centraliza o controle, diluindo-o entre todos os acionistas. Mandel (1982) cita as enormes sociedades anônimas norte-americanas que criaram filiais e subsidiárias em muitos países (General Eletric, Ford, ExxonMobil, Texaco, General Motors, International Business Machines – IBM, por exemplo) e estão, obviamente, fora da categoria de uma verdadeira fusão internacional de capital, pois, no que tange tanto à origem quanto ao controle, seu capital continua sendo nacional.

Evidentemente, essa foi uma estratégia dos oligopólios internacionais para revitalizar a valorização ampliada do capital, quando a inflação generalizada reduziu a taxa de lucros de todo o mercado mundial gerando desemprego e alto custo de vida em todos os países capitalistas. Naquele contexto, não foi possível ao capital controlar a crise que se propagava. Acrescentou-se a isso a crise do petróleo, *commodity* que experimentava uma fase expansiva desde o final da Segunda Guerra.

Salientamos que esse processo é extremamente complexo, dinâmico e multifacetado. A mundialização do capital não representa um "novo capitalismo", mas um estágio mais desenvolvido, de caráter monopolista. Nesse novo estágio, o capitalismo reestruturou as relações sociais de produção alterando profundamente as relações econômicas com alcance global, o que se desdobrou na reconfiguração das relações intercapitalistas.

No âmbito político, a mundialização do capital encontrou condições objetivas para liberalizar e desregulamentar as relações de mercado. Em tal cenário favorável, disseminou a ideia de esgotamento do "socialismo real" em virtude da estagnação financeira que atingia a União das Repúblicas Socialistas Soviéticas (URSS) e demais países de orientação socialista. Com a queda do Muro de Berlim em 1989 e o fim do "comunismo soviético", anunciavam-se o "fim da história", o fim da sociedade de classes, o fim da sociedade salarial hegemônica no fordismo-keynesianismo e o declínio das esquerdas revolucionárias. A derrota soviética representou para o imperialismo a hegemonia definitiva do capitalismo como modo de produção supostamente superior e coerente com as expectativas mundializadas das relações sociais de produção. Nesse sentido, Braz (2011) sugere que a falência do "socialismo real" não apenas indicava o esgotamento

> de uma forma de transição revolucionária, mas também denotava a crise teórica das fontes que alimentaram os ideais socialistas do século 20. Instaurava-se, assim, uma decantada crise do marxismo que se difundiu nos meios acadêmicos e nos movimentos organizados das classes trabalhadoras. Tratava-se de abandonar Marx e o marxismo já que eles teriam sido os responsáveis pelos equívocos cometidos na URSS e nos países do chamado "bloco socialista",

> levando-os à ruína. Tal leitura ensejou duas grandes tendências que contaminaram o pensamento social de "esquerda": uma, identificava na crise do socialismo e do marxismo, paralelamente à própria crise do capital recrudescida na entrada dos anos de 1970, o exaurimento da Modernidade como projeto civilizatório. Por outro lado, ainda que suas protoformas possam ser identificadas já na década de 1960, foi com o fim das sociedades socialistas na URSS e no Leste Europeu que essa tendência se alastrou, assumindo-se como "alternativa" e se autodenominando como **projeto pós-moderno**. Ele trouxe consigo uma "nova esquerda" que repudiava tanto o capitalismo quanto o socialismo. Por outro lado, mas caminhando muito próximo a essa primeira tendência, criaram-se as condições para uma colaboração de classes que deixaria corados os velhos social-democratas. Tal colaboracionismo de novo tipo – possibilista – passou a reivindicar o possível dentro da ordem, estabelecendo alianças com as forças conservadoras em torno da governança, da terceira via etc. configurando-se num verdadeiro conservadorismo de esquerda. (Braz, 2011, p. 11, grifo do original)

No que se refere aos contextos trabalhista e político-ideológico do capitalismo monopolista mundializado, a crise deveria ser combatida com uma reestruturação produtiva do capital que alterasse as relações e os processos de trabalho. As novas propostas, denominadas **pós-fordistas**, preconizavam maior flexibilização nos contratos de trabalho, incorporação de novas tecnologias, modificação nas formas de intervenção estatal e abertura global dos mercados. Contudo, esse processo de desregulamentações representou e vem representando um grande retrocesso para a classe trabalhadora, tendo em vista que promove a precarização do trabalho com a terceirização, a subcontratação, a informalidade, o trabalho parcial e temporário, além do aumento do desemprego, da desigualdade social e da pauperização, fortes expressões da "questão social" na contemporaneidade. Como afirma Iamamoto (2007b), inspirada na lei geral da acumulação capitalista de Marx (1984), "o capital internacionalizado produz a concentração da riqueza, em um polo social (que é também, espacial) e, noutro, a polarização da pobreza e da miséria, potenciando exponencialmente a lei geral da acumulação capitalista, em que se sustenta a **questão social**" (p. 111, grifo do original).

Iamamoto (2007b) indica, ainda, que o processo de mundialização ocorreu em duas etapas. Para ela, a primeira aconteceu entre 1982 a 1994, quando a liberalização e a desregulamentação dos mercados tiveram

> na dívida pública seu principal ingrediente [...] a dívida pública foi e é o mecanismo de criação de crédito; e os serviços da dívida, o maior canal de transferência de receitas em benefício dos rentistas. Sob o efeito de taxas de juros elevadas, superiores à inflação e ao crescimento do produto interno bruto, o endividamento dos governos cresce exponencialmente. (Iamomoto, 2007b, p. 117)

A segunda etapa, segundo a autora, foi efetivada a partir de 1994, quando "**os mercados das bolsas de valores (compra e venda de ações) ocupam o cenário econômico, com a compra de ações dos grupos industriais pelas instituições financeiras**, que apostam na lucratividade futura dessas empresas" (Iamamoto, 2007b, p. 118, grifo do original). Aqui, a autora se refere à atual dinâmica das empresas mundializadas, que, visando ao aumento exponencial de seus lucros, optam por reduzir os investimentos em trabalho vivo (força de trabalho) e aplicar seus recursos em rendimentos bancários, os quais podem fornecer lucros ampliados. Há, também, o deslocamento de investimentos da força de trabalho para a aquisição de novas tecnologias, alterando significativamente as relações de trabalho com a redução de espaços de trabalho formal (ou protegido), a redução dos salários da classe trabalhadora, a ampliação da jornada, a flexibilização da gestão, o enfraquecimento dos sindicatos etc. Nesse aspecto, a autora analisa que a somatória dessas regressões sociais e trabalhistas

> acentua as alterações na composição da força de trabalho, com a expansão do contingente de mulheres, jovens, migrantes, minorias étnicas e raciais, sujeitos ao trabalho instável e invisível, legalmente clandestino. Cresce o trabalho desprotegido e sem expressão sindical, assim como o desemprego em larga duração [...] engrossando a superpopulação relativa para as necessidades médias do capital. (Iamamoto, 2007b, p. 119)

A mundialização do capital é pautada por **relações oligopolistas** que regulam a economia global sob a égide de valorização do capital, cuja principal modalidade organizacional são as EMNs. Como o capital é fundamentalmente expansionista e o objetivo das multinacionais é a obtenção de lucros cada vez mais ampliados, é necessário aumentar sua mobilidade, seja por meio de maior diversidade do tipo de investimento, seja por meio da expansão de natureza geográfica.

Quando se analisa o debate existente sobre a mundialização, é notável que muitos estudiosos valorizam o **crescimento econômico** que acreditam ter sido por ela promovido e esquecem que o **desenvolvimento social** é muito mais amplo e necessário. O **desenvolvimento social e econômico** é o que realmente pode beneficiar a classe trabalhadora e promover melhorias em sua condição material de existência. É estranho, por exemplo, que, alguns estudiosos pós-modernos não encontrem relação direta entre a instalação de multinacionais em um país e a precarização do trabalho, a ampliação das desigualdades socioeconômicas, os processos de pauperização, a ampliação da exploração da força de trabalho ou a destruição ambiental.

Entretanto, é preciso ter claro que, como já mencionamos, as multinacionais integram um contexto de liberalização e desregulamentação do mercado financeiro internacional. Elas se instalam em países em que a força de trabalho é mais barata e as taxas de lucro podem ser muito maiores, o que aprofunda a desigualdade social e a pobreza de parcela significativa da população. Na América Latina, por exemplo,

> dado o enorme contingente de força de trabalho sobrante, o processo de reestruturação apresenta um traço particular, proveniente da superexploração da força de trabalho e dos reduzidos níveis salariais, articulados em alguns ramos produtivos a um razoável padrão tecnológico. Isso acontece porque os capitais produtivos que atuam na América Latina buscam mesclar a existência de uma força de trabalho "qualificada" para operar os equipamentos microeletrônicos com padrões de remuneração muito inferiores aos dos países centrais – onde as empresas têm suas sedes –, tudo isso acrescido das

formas de desregulamentação, flexibilização e precarização da força de trabalho. (Antunes, 2011, p. 39)

Diante desse cenário, é preciso compreender melhor a força político-econômica das multinacionais e como elas promovem as regressões sociais e econômicas mencionadas anteriormente.

2.1.1 Multinacionais e ampliação da exploração capitalista na era dos monopólios

Como comentamos, as EMNs representam uma expressão fundamental da **fusão internacional do capital**. Elas tendem a se instalar em países (ou em localidades específicas destes) em que a força de trabalho é mais barata, a isenção de impostos (incentivos fiscais) é mais vantajosa e o coletivo dos trabalhadores conta com baixa adesão sindical. Assim, graças à fragilidade política e econômica da classe trabalhadora, tais empresas garantem maiores lucros.

Petras (2007) realizou uma pesquisa sobre as 500 empresas multinacionais mais importantes do mundo e, tendo como critério a massa de capital investido em multinacionais, concluiu que

> os Estados Unidos mantêm o poder dominante em termos absolutos e relativos, contando com 227 (45%) das 500 empresas multinacionais (EMNs) mais importantes, seguidos pela Europa Ocidental, com 141 (28%), e Ásia, 92 (18%). Esses três blocos regionais, Estados Unidos, União Europeia e Japão[2] controlam 91% das principais EMNs do mundo. (Petras, 2007, p. 12-13)

Alguns aspectos das EMNs são relevantes. Por exemplo, seu espraiamento mundo afora em virtude da mundialização do capital seria impossível sem os avanços das novas tecnologias de

---

2 O bloco imperialista formado por Estados Unidos, União Europeia e Japão é denominado *Tríade* por Chesnais (1996).

comunicação de massa e de informação. Sobre isso, a pesquisa de Petras (2007) revela que

> as EMNs dos EUA dominam em todo o mundo o setor dos meios de comunicação em massa e entretenimento. Quase 80% das principais EMNs (11 das 14) são controladas por capital estadunidense. Com a monopolização do rádio, da televisão e da indústria cinematográfica, os gigantes estadunidenses se transformaram em enormes conglomerados, mediante a aquisição ou a falência da imprensa local e das empresas musicais e culturais [...] O crescimento das grandes concentrações estadunidenses de empresas dedicadas aos meios de comunicação e entretenimento foi alcançado graças a uma favorável intervenção estatal, à desregulamentação e ao incentivo, motivo pelo qual esses meios têm servido como braço propagandista não oficial, aberto e encoberto, das conquistas imperiais, das guerras, da ocupação e da penetração estadunidense [...]. A Europa é líder em telecomunicações, com 40% das dez principais EMNs, seguida pelos EUA e Ásia com 30%. No setor de seguros, encontramos o mesmo padrão: Europa 50%, EUA 40% e Japão 10%. (Petras, 2007, p. 15)

Outro aspecto é o fato de que, com a instalação de multinacionais, a integração dos mercados e a circulação ampliada de mercadorias não ocorrem somente na esfera do capital industrial. A mundialização ocorre também no setor de serviços, como nas telecomunicações, no comércio e na área financeira.

De qualquer forma, o Estado de capitalismo monopolista e neoliberal é peça-chave na instalação e na permanência de multinacionais. Afinal, são os Estados que definem os mercados externos, quando deveriam proteger os mercados locais. Por isso, o que temos vivenciado com a incorporação do ideário neoliberal, em todo o mundo, é um

> processo de privatização, mediante o qual o Estado entregou ao grande capital, para exploração privada e lucrativa, complexos industriais inteiros (siderurgia, indústria naval e automotiva, petroquímica) e serviços de primeira importância (distribuição de energia, transportes, telecomunicações, saneamento básico, bancos e seguros). Essa monumental transferência de riqueza social, construída com recursos gerados pela massa da população, para o controle de grupos monopolistas operou-se nos países centrais, mas especialmente nos periféricos – onde em geral, significou uma profunda

desnacionalização da economia e realizou em meio a procedimentos profundamente corruptos. (Paulo Netto; Braz, 2006, p. 228)

Resta-nos, agora, explicar melhor o processo de financeirização do capital, ressaltando que a ampliação da exploração do trabalho pelo capital é o principal reflexo do deslocamento de capital produtivo para o investimento especulativo em detrimento de maior investimento na força de trabalho.

2.2 Financeirização do capital

A financeirização faz parte da lógica da mundialização como estratégia de salvaguardar a reprodução ampliada do capital em um processo em que este se metamorfoseia em mercadoria-dinheiro a ser intercambiada no mercado de capitais, em escala maior do que o intercâmbio produtivo. Entretanto, vale lembrar que a **reprodução ampliada do capital na esfera financeira**, ainda que aparente ter sua origem no processo de circulação de mercadorias, tem origem no setor produtivo por meio da mais-valia expropriada da força de trabalho no processo de produção de mercadorias. Como afirma Chesnais (1996):

> As instituições financeiras, bem como os "mercados financeiros" [...] erguem-se hoje como força independente todo-poderosa perante os Estados (que os deixaram adquirir essa posição), perante as empresas de menores dimensões e perante as classes e grupos sociais despossuídos, que arcam com o peso das "exigências dos mercados" (financeiros). (Chesnais, 1996, p. 239)

Marx (1984) já indicava que o processo de crescimento do **capital bancário** – comércio de dinheiro que tem nos bancos os grandes emprestadores de capital – derivou da própria expansão capitalista. Fontes (2010) afirma que, ao longo do desenvolvimento capitalista, os bancos se generalizaram como fornecedores de crédito ao processo de produção e reprodução capitalista, e cresceram também em outros procedimentos econômicos como seguros, corretagem, câmbio, investimentos[3].

O crédito, isto é, o empréstimo bancário, é pautado pela aquisição de juros, os quais passaram a compor as relações comerciais entre bancos e indústrias capitalistas, que, no processo de mundialização, se desdobraram na financeirização mundial do capital. Os juros dos empréstimos realizados, em essência, são pagos pela extração da mais-valia que o capitalista industrial expropria da classe trabalhadora. Nesse sentido, Iamamoto (2007b) explica que

> o investimento especulativo no mercado de ações aposta na **extração da mais-valia presente e futura dos trabalhadores, para alimentar as expectativas de lucratividade das empresas, segundo padrões internacionais que parametrizam o mercado financeiro**. Ele impõe mecanismos de ampliação da taxa de exploração via: políticas de gestão; "enxugamento de mão de obra"; intensificação do trabalho e aumento da jornada sem correspondente aumento de salários; estímulo à competição entre os trabalhadores em um contexto recessivo, que dificulta a organização sindical; chamamentos à participação para a garantia das metas empresariais, ampliação das relações de trabalho não formalizadas ou "clandestinas", com ampla regressão dos direitos, entre outros mecanismos, como os de aperfeiçoamentos técnicos e a incorporação da ciência e da tecnologia no ciclo da produção no sentido lato (produção, circulação, troca e consumo). (Iamamoto, 2007b, p. 113-114, grifo do original)

Observe que esse cenário econômico incide fortemente na "questão social" contemporânea, pois amplia a exploração do trabalho

---

3 "Os bancos multinacionais dos EUA representam 60% dos dez principais bancos do mundo, seguidos pelos europeus com três e os japoneses um. O sistema bancário estadunidense cresceu graças à gestão da dívida da América Latina, Ásia e África, convertendo valores da dívida em ações de propriedade através das políticas neoliberais de privatização e desregulamentação dos mercados financeiros [...]. Os gigantes bancários europeus influenciam as políticas da União Europeia. Entretanto, muito frequentemente os bancos multinacionais europeus atuam em acordo com os bancos estadunidenses, através do 'Clube de Paris', com os mesmos objetivos de cobrança da dívida de outros países através de políticas comuns" (Petras, 2007, p. 17).

pelo capital e se desdobra em inúmeras consequências nefastas para a classe trabalhadora em sua capacidade de reprodução social. Simultaneamente, é importante compreender o vínculo entre os processos econômicos que percorrem o subterrâneo da sociedade capitalista para se dar conta de que a "questão social" também é consequência de relações capitalistas entre Estado e oligopólios nacionais e internacionais do capital.

Sobre o processo de financeirização, devemos considerar que a existência de uma massa de capital enorme tende a se converter numa força social anônima, em que os investidores, reunidos apenas pelo processo de valorização de capital, buscam converter seus capitais conquistados com a extração da mais-valia dos trabalhadores em acumulação progressiva de capital especulativo.

Os investimentos acumulados produzem o que se denomina *capital fictício*, ou seja, "as ações, as obrigações e os outros títulos de valor que não possuem um valor em si mesmos. Representam apenas um título de propriedade, que dá direito a um rendimento" (Paulo Netto; Braz, 2006, p. 232). Os títulos são negociados no mercado de capitais como se realmente existissem os recursos para sustentá-los, explorando sua valorização em busca de "lucros" com recursos que, na verdade, não precisam existir no presente, isto é, supõe-se que existirão no futuro, a partir do crédito. O capital fictício tem, então, sua origem no crédito, o que em economia é denominado *capital portador de juros*, uma vez que a **mais-valia equivale aos juros que serão pagos por sua aquisição**.

Paulo Netto e Braz (2006) entendem que a financeirização do capitalismo contemporâneo se deve ao fato de que as transações realizadas na esfera da circulação foram superdimensionadas (hipertrofiadas) e estão desproporcionais em relação à produção real de valores, tornando-se predominantemente especulativas. Segundo eles,

> os rentistas e os possuidores de capital fictício (ações, cotas de fundos de investimentos, títulos de dívidas públicas) extraem ganhos sobre valores frequentemente imaginários – e só descobrem isso

> quando, nas crises do "mercado financeiro", papéis que, à noite, valiam X e na bela manhã seguinte passam a não "valer" literalmente nada, como foi o caso dos compradores de títulos da norte-americana Enron, num escândalo que explodiu em 2001 e que não foi o único. (Paulo Netto; Braz, 2006, p. 232)

Os autores afirmam, ainda, que os **ganhos especulativos**, além de enriquecerem rapidamente os especuladores, disseminam a falsa ideia de que o capital especulativo seria autônomo em relação ao produtivo, isto é, "de que a conversão de D em D' (dinheiro convertido em capital) se opera sem a mediação da produção o que, na verdade, conduz-se ao limite da fetichização do dinheiro, como se ele tivesse a faculdade de se reproduzir ampliadamente a si mesmo" (Paulo Netto; Braz, 2006, p. 233).

Outra dimensão da mundialização e da financeirização do capital é a político-ideológica. Por ela, reafirma-se a necessidade de controlar não só a produção e a distribuição da riqueza socialmente produzida, mas também a vida social dos sujeitos em sua totalidade com o uso de estratégias de ampliação e homogeneização do consumo. Como afirma Coutinho (2010, p. 71),

> elemento indispensável do neocapitalismo, a manipulação tem como objetivo destruir a especificidade dos indivíduos. Homogeneizando seu comportamento ao transformá-lo em algo "calculável" e previsível; tão somente essa homogeneização e previsibilidade garantem a segurança econômica da produção através de "padrões" estáveis de consumo. O homem, para a manipulação, converte-se num simples "dado", em uma coisa passiva. Desse modo, a manipulação da vida privada não passa de uma ampliação a novas esferas daquilo que chamamos de racionalidade burocrática, a qual é a "racionalidade" espontânea no quadro da alienação capitalista.

No cotidiano da vida social, é possível perceber alguns reflexos da mundialização e da financeirização. Basta observarmos as mercadorias e os serviços produzidos sob a hegemonia de monopólios tecnológicos, culturais, gastronômicos, turísticos e até mesmo religiosos. Isso é feito com o intuito de disseminar um comportamento, sobretudo de consumo, altamente controlável pelo capital com vistas a ampliar a acumulação capitalista segundo uma ordem mundialmente padronizada e estabelecida.

> Isto é evidente no consumo de hamburgers, pizzas, sorvetes, iogurtes, refrigerantes, cigarros, jeans, tênis, cartões etc. da China à Dinamarca, da Finlândia ao Peru, são os mesmos produtos, das mesmas marcas e modelos iguais. Mas a mundialização também incorpora as particularidades – locais, regionais, nacionais, étnicas, religiosas, de grupos sociais e culturais – subsumidas na dinâmica mundial de consumo de uma heterogênea terra. (Dreifuss, 1996, p. 138)

Fica evidente que a financeirização do capital acarreta o enfraquecimento do trabalho produtivo, das economias nacionais, da autonomia política dos Estados nacionais, das culturas locais, dos movimentos sociais, dos sindicatos, enfim, das condições materiais de existência em âmbito global. O capital mundializado recorre também à destruição ambiental, à cultura do consumismo – utilizando, para isso, o potencial juvenil para a disseminação de novos produtos –, ao turismo sexual, à ampliação da divisão social do trabalho e à individualização como fonte de realização pessoal, destituindo a ação coletiva.

Como demonstramos ao longo deste capítulo, a mundialização e a financeirização do capital representam a consolidação de um processo gestado desde a fase concorrencial do capitalismo, tanto que Marx e Engels, no *Manifesto do Partido Comunista* (1848) já indicavam que

> a necessidade de um mercado constantemente em expansão impele a burguesia a invadir todo o globo. Necessita estabelecer-se em toda parte, explorar em toda parte, criar vínculos em toda parte. [...] Em lugar das antigas necessidades, satisfeitas pela produção nacional, encontramos novas necessidades, que requerem para a sua satisfação os produtos das regiões mais longínquas e dos climas mais diversos [...] desenvolvem-se em todas as direções, um intercâmbio e uma interdependência universais. (Marx; Engels, 2005, p. 55)

Portanto, o fenômeno da mundialização e o da financeirização do capital são imanentes ao desenvolvimento do capitalismo e promovem uma dinâmica de ampliação da exploração do trabalho pelo capital para todos os países do globo, com o estabelecimento de multinacionais e o deslocamento da mais-valia para várias localidades. Acrescentam-se a isso a redução do trabalho vivo e a apropriação de mais trabalho excedente, o que aumenta a mais-valia relativa, ou seja, gera barateamento do trabalhador.

No conjunto das relações sociais, políticas e econômicas, a mundialização e a financeirização representam a diminuição de poderes na esfera da soberania do Estado, tendo em vista a fiscalização dos organismos internacionais (Fundo Monetário Internacional e Banco Mundial) sobre os níveis de produtividade que façam frente às dívidas públicas e que coloquem os países em condições de credibilidade perante os mercados monopolizados. Em outras palavras, os Estados nacionais se tornaram reféns dos grupos oligárquicos que comandam a economia financeira mundializada.

Tudo isso incide nas expressões da "questão social" de todos os países, ainda que os mais prejudicados sejam os de capitalismo dependente, como é o caso dos países da América Latina, da África e da Ásia. O cenário mais alarmante pode ser visto nas relações de trabalho com os elevados índices de desemprego em âmbito mundial, incluindo os países imperialistas. Temos observado também precárias condições de trabalho e sua crescente informalização. Além disso, é evidente a precarização das políticas públicas de proteção social, como é o caso da saúde, da previdência social, da assistência social, da educação, da alimentação e da habitação. Esses retrocessos refletem o aprofundamento da desigualdade social com maior distanciamento entre ricos e pobres e a ampliação da pauperização de amplas camadas da classe trabalhadora.

Diante disso, no próximo capítulo, trataremos das particularidades da "questão social" brasileira.

Síntese

Neste capítulo, abordamos alguns aspectos do capitalismo monopolista. A mundialização do capital (também denominada *globalização*) representa a liberalização e a desregulamentação do mercado financeiro internacional, em que prevalece a conexão imediata entre diferentes instituições político-econômicas e diferentes Estados nacionais com o objetivo de retomar a acumulação capitalista diante da crise da década de 1970.

No âmbito político, a mundialização do capital encontrou condições objetivas para liberalizar e desregulamentar as relações de mercado, disseminando a ideia de esgotamento do "socialismo real" em virtude da estagnação financeira que atingia a URSS e outros países de orientação socialista.

No que se refere às relações de trabalho e ao âmbito político-ideológico do capitalismo monopolista mundializado, a crise deveria ser combatida com uma reestruturação produtiva do capital que alterasse as relações e também os processos de trabalho. As novas propostas, denominadas *pós-fordistas*, preconizam maior flexibilização nos contratos de trabalho, incorporação de novas tecnologias, modificação nas formas de intervenção estatal e abertura global dos mercados.

A mundialização do capital é pautada por relações oligopolistas que regulam a economia global sob a égide de valorização desse capital, cuja principal modalidade organizacional está em empresas multinacionais.

A financeirização faz parte da lógica da mundialização e funciona como estratégia para salvaguardar a valorização dos lucros capitalistas. Também envolve um processo em que o próprio capital se metamorfoseia em mercadoria-dinheiro a ser intercambiada no mercado de capitais, em escala maior do que o intercâmbio produtivo, predominante no período de capitalismo concorrencial. Entretanto, vale lembrar, o capital financeiro tem origem na mais-valia expropriada da força de trabalho no processo de produção de mercadorias.

Na dimensão político-ideológica da mundialização e da financeirização do capital, verifica-se a necessidade de controle da vida social em sua totalidade.

Para saber mais

PAULO NETTO, J.; BRAZ, M. **Economia política**: uma introdução crítica. São Paulo: Cortez, 2006. (Coleção Biblioteca Básica de Serviço Social).

Nesse livro, os autores apresentam uma análise didática e refinada sobre as principais categorias da economia política, avançando para os principais movimentos do capitalismo contemporâneo.

SALVADOR, E. et al. (Org.). **Financeirização, fundo público e política social**. São Paulo: Cortez, 2012.

O livro apresenta vários artigos de assistentes sociais e de profissionais de áreas afins com o objetivo de explicar o processo de financeirização do capital para as políticas sociais no Brasil. Essa é uma leitura de fácil compreensão e que permite que você aprofunde seus conhecimentos sobre a relevância da financeirização para a "questão social" em nosso país.

MARQUES, R. M.; FERREIRA, M. R. J. (Org.). **O Brasil sob uma nova ordem**: a economia brasileira contemporânea – uma análise dos governos Collor a Lula. São Paulo: Saraiva, 2010.

O livro aborda aspectos fundamentais das políticas econômicas e sociais dos governos neoliberais do período de Fernando Collor de Melo a Luiz Inácio Lula da Silva. Apresenta a ótica de economistas progressistas, os quais esclarecem vários conceitos importantes para a compreensão do capitalismo contemporâneo na perspectiva crítica.

Questões para revisão

1. Qual foi a principal motivação para o processo de mundialização do capital?
   a) Distribuir melhor riqueza mundialmente construída.
   b) Liberalizar e desregulamentar o mercado financeiro internacional.
   c) Fazer manutenção das taxas de lucro dos países capitalistas.
   d) Implantar um processo de ajuda econômica aos países de capitalismo dependente.

2. É correto afirmar que a dimensão político-ideológica da mundialização e da financeirização do capital:
   a) refere-se ao controle da produção e da distribuição da riqueza socialmente produzida.
   b) diz respeito ao crescimento dos bancos com a propagação de outros procedimentos econômicos, como seguros, corretagem, câmbio, investimentos etc.
   c) é a ideia de esgotamento do "socialismo real" decorrente da estagnação financeira que atingiu a URSS e outros países de orientação socialista, no final da década de 1980.
   d) refere-se à necessidade de controle e domínio da vida social dos sujeitos em sua totalidade.

3. Como a mundialização e a financeirização do capital refletem na "questão social" dos países?
   a) Com o aumento de postos de trabalho e também dos salários da classe trabalhadora.
   b) Com o fortalecimento do capital produtivo em detrimento do capital especulativo.
   c) Com a liberalização e a desregulamentação dos mercados, ampliando a exploração do trabalho pelo capital.
   d) Com a redução da mais-valia e a consequente redução dos salários da classe trabalhadora.

4. O que é capital fictício?

5. Qual é a origem do capital especulativo?

Questões para reflexão

1. Explique o que é mundialização do capital?

   Dica: Lembre-se da fusão internacional de capitais, da liberalização e da desregulamentação do mercado mundial.

2. Quais são as duas etapas da mundialização do capital indicadas por Marilda Iamamoto?

   Dica: Lembre-se da dívida pública e da financeirização do capital.

3. Por que a instalação de multinacionais nos países da América Latina deve ser analisada com criticidade?

   Dica: Relacione a classe trabalhadora dos países de capitalismo dependente com os interesses do capital imperialista.

4. O que você entendeu por financeirização do capital?

   Dica: Relacione o capital especulativo com as perdas para o capital produtivo de um país.

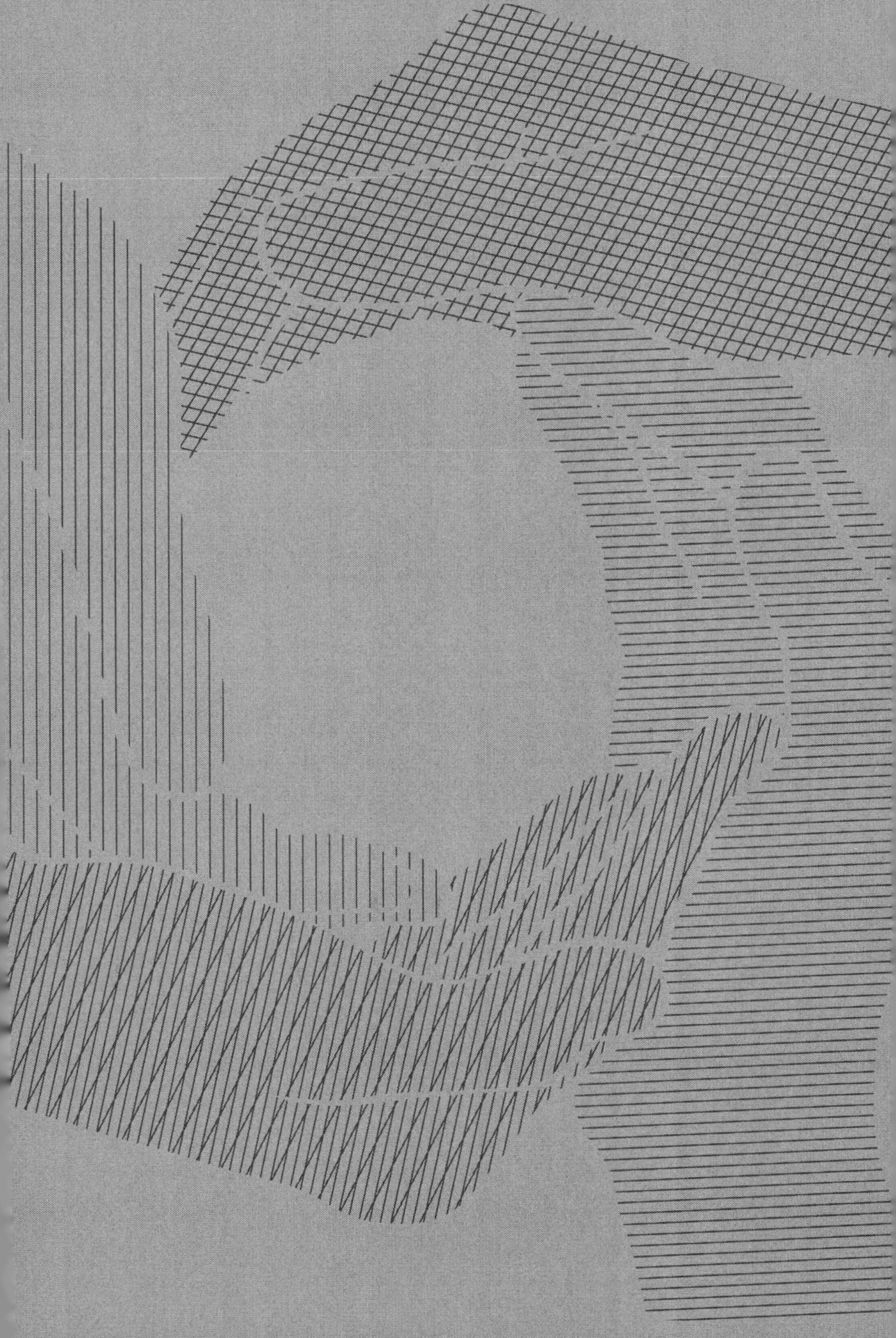

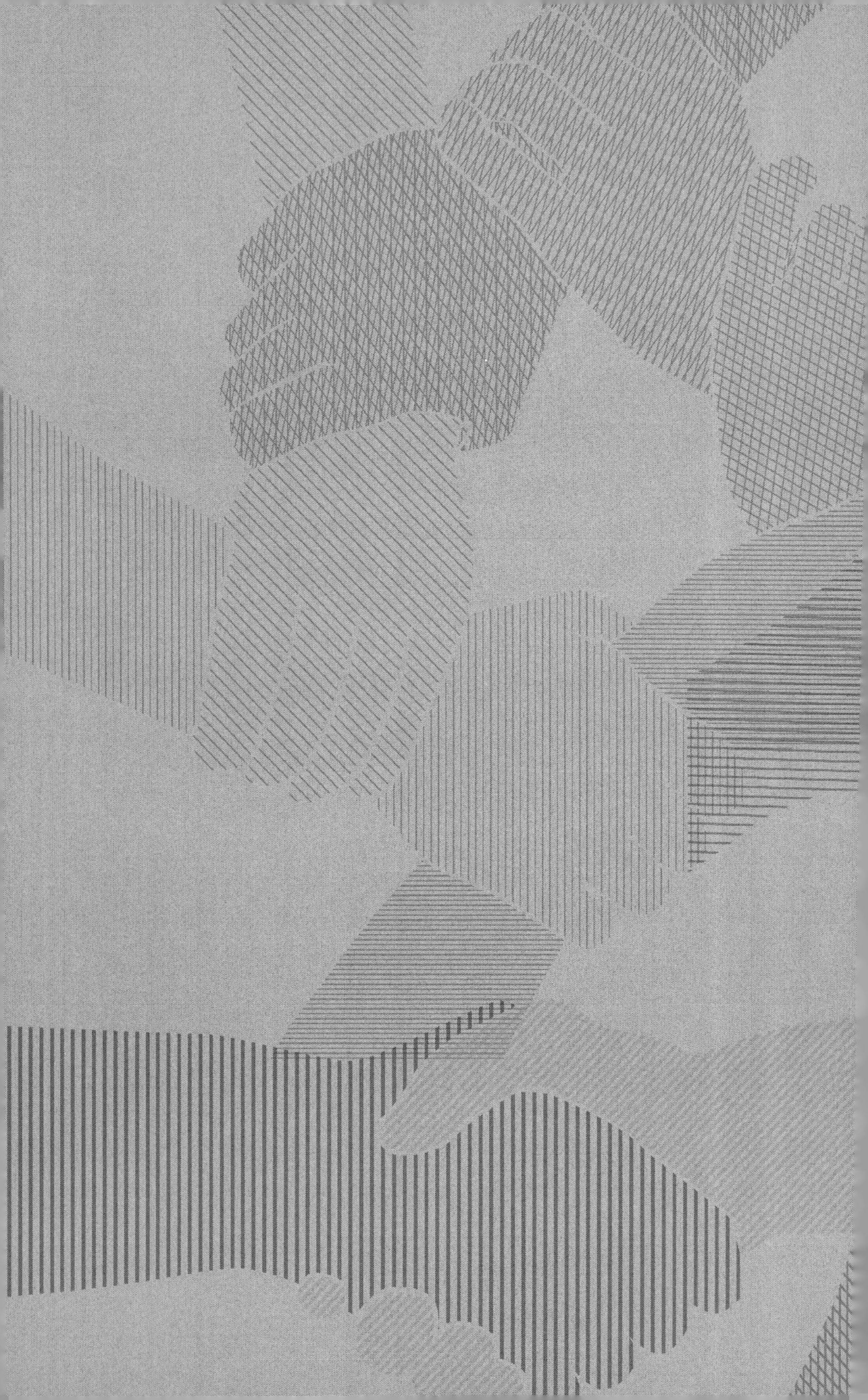

CAPÍTULO 3

A "questão social" no Brasil

Conteúdos do capítulo:

- Reflexos da formação sócio-histórica do Brasil na "questão social" do país.
- Processo de construção da classe trabalhadora brasileira.
- Incorporação da "questão social" na agenda político-econômica brasileira.
- Emergência das políticas sociais como enfrentamento à "questão social".
- Resistência histórica da classe trabalhadora brasileira e suas formas de organização política.
- Crises cíclicas do capital

Após o estudo deste capítulo, você será capaz de:

1. detectar a emergência da "questão social" no Brasil;
2. identificar a dupla dimensão da "questão social" (o conflito capital *versus* trabalho e a luta de classes);
3. indicar a importância dos movimentos sociais, sindicatos e partidos políticos para o enfrentamento da "questão social";
4. explicar as crises do capital;
5. relacionar "questão social" à atual crise político-econômica brasileira.

Neste capítulo, analisaremos os aspectos mais importantes para a compreensão da "questão social" brasileira, destacando alguns elementos constitutivos da formação sócio-histórica do país, com ênfase para a formação da classe trabalhadora livre, no período da Primeira República, logo após a Abolição da Escravatura. Não menos importante é a emergência de políticas sociais, entendidas como a principal mediação entre o Estado, a classe capitalista e a classe trabalhadora, evidenciando que as políticas públicas sociais não representam a solução para a exploração do trabalho pelo capital, mas mediações necessárias para a reprodução social dos trabalhadores. Abordaremos, ainda, a importância dos movimentos sociais, sindicatos e partidos políticos de esquerda como representantes dos interesses dos trabalhadores em tempos de neoliberalismo e crise político-econômica que assolam o país, aprofundando a "questão social" brasileira.

3.1 Formação sócio-histórica

Para compreender a "questão social" brasileira, é importante reconhecer que seu arcabouço teórico está enraizado na formação sócio-histórica do país. Não é nosso objetivo abordar os detalhes dessa formação; por isso, lembramos apenas os três principais elementos que caracterizaram as relações sociais de produção nos períodos colonial e imperial:

1. O processo de produção econômica no país sempre esteve voltado para as necessidades do exterior, mais especificamente dos países imperialistas, deixando a população local à mercê da pequena produção nacional.
2. A formação de grandes latifúndios por meio da concentração de terras, impediu a ocupação e a produção por vários pequenos proprietários.
3. A produção de mercadorias, desde o início da colonização até fins do período imperial, ocorreu em regime de escravidão.

No Brasil, até a Abolição da Escravatura, em 1888, as relações sociais de produção eram baseadas no escravismo, e não em formas propriamente capitalistas de troca e intercâmbio de mercadorias. Por isso, podemos considerar que, antes da abolição, vigoravam, predominantemente, relações econômicas de caráter mercantil ou pré-capitalistas. Com a instauração da Primeira República (1889-1930), iniciaram-se o trabalho assalariado e a extração de mais-valia da força de trabalho propriamente capitalista, ou seja, o lucro extraído do trabalho excedente, realizado por trabalhadores livres.

Com a **emergência do trabalho assalariado**, era de se esperar que a massa de escravos libertos fosse incorporada nas relações sociais de produção capitalista. Porém, não houve a integração desses trabalhadores no mercado de trabalho e grande parte deles foi alocada no exército de reserva. Com isso, cedeu-se espaço à força de trabalho dos imigrantes, que já contavam com experiência de trabalho assalariado em seus países de origem. Adicionalmente, a estagnação econômica de países europeus entre 1880 e 1900 também foi um elemento facilitador para a onda migratória para nosso país.

As mudanças socioprodutivas ocorridas após a abolição não deram margem à absorção do contingente de ex-escravos, seja pelas mudanças tecnológicas, seja pela cultura de trabalho escravo impressa nos trabalhadores recém-libertos, seja pela falta de interesse e planejamento social, político e econômico por parte do Estado a serviço da burguesia brasileira. Enfim, o fato é que, em paralelo à abolição, o Brasil incorporou imigrantes europeus (cujos países já enfrentavam as crises cíclicas do capital monopolista, com prejuízos econômicos. Em suas análises sobre a história da economia brasileira, Prado Júnior (2004) analisa que:

> Essa imigração, além de proporcionar mão de obra quantitativa e qualitativamente de grande valor, tornou possível, entre outros efeitos de maior relevo, o rápido incremento da produção cafeeira, principal fator responsável do considerável progresso econômico verificado no Brasil a partir do último quartel do século XIX, processo esse que, pelo seu vulto excepcional, constituiu verdadeiro salto

qualitativo na evolução econômica brasileira. (Prado Júnior, 2004, p. 84)

A transição para o trabalho livre em nosso país, além de lenta, excluiu um contingente significativo de trabalhadores negros e seus descendentes do processo de formação da classe trabalhadora brasileira, que teve como marco inicial (num processo gradativo) a proibição do tráfico negreiro em 1850. Segundo Cardoso (2010, p. 60-61),

> tomando-se o Brasil como um todo, a transição para o trabalho livre não foi coextensiva com a construção do mercado de força de trabalho tipicamente capitalista, ou assalariado. Ao longo dos séculos, os escravos e/os seus descendentes se libertaram da escravidão, ajudando a compor a população não diretamente envolvida com a economia escravista, que se avolumou com o tempo por meio da miscigenação.[1]

Essa lenta transição para uma sociedade de trabalho "livre" apontada por Adalberto Cardoso (2010) indica a construção da sociedade do trabalho assalariado no Brasil. É nesse processo que se revelam de forma mais evidente a desvalorização da força de trabalho nacional, a desigualdade social e a pauperização histórica que caracterizam a "questão social" em nosso país.

O autor sugere a existência de cinco dificuldades históricas para a lentidão já mencionada.

1. A opção paulista pela imigração como solução para o **problema da mão de obra**, em detrimento do elemento nacional, foi expressão da inércia de uma estrutura socioeconômica em crise. Segundo ele, "em São Paulo chegou-se a considerar uma 'acumulação primitiva' paulista, como uma espécie de desdobramento da Lei de Terras, de 1850, que vedou o acesso a terras

---

1 "Em 1850, quando cessou o tráfico negreiro, o país contava perto de 2 milhões de escravos numa população estimada de 8 milhões de almas, 90% dela vivendo no campo. A força de trabalho já não era majoritariamente escrava. O Censo demográfico de 1872 contou cerca de 10 milhões de brasileiros, dos quais 1,5 milhão de cativos" (Cardoso, 2010, p. 61).

devolutas aos que não pudessem comprar, com isso impedindo (ou dificultando muito) ao ex-escravo e ao futuro imigrante acesso legal a uma gleba" (Cardoso, 2010, p. 62)[2].

Em outras palavras, no momento posterior à abolição da escravidão, não restou qualquer opção ao escravo liberto ou a qualquer sujeito que vivia na pobreza para se integrar ao novo regime de trabalho, nem mesmo oportunidades de continuidade do trabalho de que já tinham certo conhecimento, ou seja, a produção agrícola.

2. Havia uma concepção de **depreciação do trabalho manual** e uma resistência ainda maior com relação ao ex-escravo que combinava o preconceito racial e a discriminação quanto a sua capacidade de trabalho assalariado, uma vez que era considerado preguiçoso e não confiável. Ao negro, cabia o trabalho pesado, só realizável à força, sob coerção física e moral. Nas palavras de Cardoso (2010, p. 66, grifo do original),

> a imagem do trabalho e do trabalhador consolidada ao longo da escravidão fez-se da sobreposição de diferentes hierarquias sociais: de

---

[2] "A Lei de Terras decretada no Brasil em 1850 proibia a aquisição de terras públicas através de qualquer outro meio que não fosse a compra, colocando um fim às formas tradicionais de adquirir terras mediante posses e mediante doações da Coroa [...]. Uma leitura dos debates parlamentares revela um conflito entre duas diferentes concepções de propriedade da terra e de política de terra e de trabalho – concepções estas que representavam uma maneira moderna e outra tradicional de encarar o problema. O conflito entre esses dois diferentes pontos de vista reflete a transição, iniciada no século XVI, mas concluída apenas no século XX, de um período no qual a terra era concebida como domínio da Coroa, para um período no qual a terra tornou-se de domínio público; de um período no qual a terra era doada principalmente como recompensa por serviços prestados à Coroa, para um período no qual a terra é acessível apenas àqueles que podem explorá-la lucrativamente; de um período no qual a terra era vista como uma doação em si mesma, para um período no qual ela representa uma mercadoria; de um período no qual a propriedade da terra representava essencialmente prestígio social, para um período no qual ela representa essencialmente poder econômico. A mudança de atitudes em relação à terra correspondeu à mudança de atitudes em relação ao trabalho: escravidão e certas formas de servidão foram substituídas pelo trabalho livre" (Costa, 2010, p. 173-174). Observe que esse processo não permitia a aquisição de terras por parte de pequenos proprietários, mantendo-os dependentes dos grandes proprietários de terras, o que era bastante conveniente diante da ilegalidade do tráfico negreiro.

cor, religiosa, de *status* social associado à propriedade, de dominação material e simbólica, numa mescla de sentidos que apontavam, todos, para o mesmo conceito: o de degradação do trabalho manual. Ou, de maneira mais enfática: a **ética do trabalho** oriunda da escravidão foi uma ética de **desvalorização** do trabalho.

3. Conforme Cardoso (2010, p. 66),

   é que o aparato repressivo montado para o financiamento, a reprodução, a supervisão e a repressão ao trabalho escravo, altamente descentralizado e com frouxos controles por parte do Império português e, depois, brasileiro, consolidou um padrão de violência estatal e privada que sobreviveu ao fim da escravidão, transferindo-se para diversas esferas da relação entre Estado e o "mundo do trabalho" no país.

   Como consequência, as classes empobrecidas foram encaradas, historicamente, como **classes perigosas**, a exemplo dos movimentos anarquistas e socialistas do início do século XX, que influenciavam as **práticas reivindicatórias** ou mesmo as revoltas populares – como foi o caso da Revolta da Vacina ocorrida no Rio de Janeiro em 1904 e que, segundo Cardoso (2010), derivava do medo enorme que as elites tinham do ex-escravo e das classes pobres como potenciais inimigos coletivos.

4. "[A] sobrevivência, no padrão das relações sociais entre capitalistas e operários no início da industrialização, da percepção, pelas elites econômicas, do trabalhador brasileiro como 'pacífico', 'ordeiro', 'cordial'" (Cardoso, 2010, p. 70). No Brasil, no período da incipiente industrialização (início do século XX), o medo da população imigrante, dos negros e dos pobres contrastava com a benignidade dedicada às classes dominantes e ao operário-padrão, ao trabalhador disciplinado, preferencialmente branco e passivizado[3]. Esse trabalhador-padrão era um

---

3 "O caráter ordeiro e pacífico da população brasileira foi louvado em momentos diversos da história, estando na origem do argumento recorrente segundo o qual a transição para o trabalho livre se dera de forma pouco traumática, ao contrário do que ocorrera, por exemplo, nos Estados Unidos ou no Haiti. Nas primeiras décadas do século XX, a sociologia nascente do país veria no caráter pacífico do povo elemento definidor da nacionalidade, com raízes profundas na ordem anterior, marcada pelo familismo, o individualismo e o patrimonialismo, isto é, nossa herança ibérica, avessa a conflitos abertos e, sobretudo, à ação coletiva" (Cardoso, 2010, p. 71).

contraponto ao imigrante "alienígena" e suas ideias libertárias, de viés anarquista ou socialista, que amedrontavam o Estado e a classe burguesa.

O negro liberto e seus descendentes, por sua vez, impunham um medo pela revolta, pela insubordinação e pela possibilidade de revanche (social e física). Em suma, o pobre, o caipira, o mestiço, o nômade, aquela superpopulação relativa que Marx denominou *flutuante, latente* ou *estagnada*, foi desperdiçada como força de trabalho, criando-se a infeliz concepção, que se espraiaria ao longo da história brasileira, de que, por sua própria incapacidade e preguiça, existe uma parcela da população que não gosta de trabalhar e pode viver com os mínimos necessários à sua subsistência.

5. Como um desdobramento da quarta consequência, constata-se o histórico **descaso da burguesia brasileira com a desigualdade social e com a pobreza**, confirmando a debilidade da revolução burguesa no Brasil[4].

Aqui, chama a atenção a desvalorização da força de trabalho, a desigualdade social e a pauperização, naturalizadas até nossos dias. Todas estas estão vinculadas a uma construção ideo-política impressa na formação social brasileira, determinando a divisão social e técnica do trabalho que posteriormente se consolidou no país. Não existiu, naquele período histórico, qualquer preocupação social, política ou econômica com a enorme parcela da população negra e/ou pobre.

Esse breve percurso histórico permitiu delinear, ainda que sumariamente, o contexto de emergência da "questão social" brasileira e sua relação com os processos de produção capitalista. Observe que **a desigualdade social já estava presente como um componente estrutural das relações sociais**. Lembre-se também

---

4 *Grosso modo*, a revolução burguesa no Brasil refere-se às condições objetivas da burguesia brasileira em desenvolver uma mudança estrutural na realidade brasileira que tenha articulado a hegemonia de relações sociais de produção propriamente capitalistas e a ampliação de direitos sociais, políticos e econômicos a uma força de trabalho livre (assalariada). Para aprofundamento do tema, sugerimos a leitura de Caio Prado Júnior (2004), Florestan Fernandes (2006) e Nelson Werneck Sodré (1997).

de que, ao longo do processo de desenvolvimento capitalista e da consolidação do capitalismo monopolista, as concepções conservadoras da "questão social" não foram superadas; ao contrário, são particularidades da realidade brasileira que não só se tornaram mais visíveis, mas também se desdobraram em outras variáveis persistentes que configuram a "questão social" contemporânea.

Retomando o descaso da burguesia brasileira com a população trabalhadora do início do século XX, foi no contexto de 1930 que a profissão Serviço Social emergiu, tendo como principais referências o Estado de capitalismo monopolista e a Igreja (predominantemente a católica). A profissionalização do Serviço Social, portanto, esteve vinculada ao progressivo reconhecimento da "questão social" como um fenômeno social, político e econômico articulado ao trabalhador livre e ao processo de industrialização e urbanização brasileira.

O desenvolvimento do capitalismo monopolista a partir de 1930 e a necessidade de modernizar o país pela industrialização contribuíram para a constituição de uma classe trabalhadora que passou a exigir direitos de trabalho e melhores condições de vida quando comparadas àquelas experimentadas até então. Isso demandou do Estado e das classes dominantes mobilização para buscar o consenso entre as classes e atender a algumas das demandas da classe trabalhadora de forma a garantir o desenvolvimento capitalista no país. Nas palavras de Iamamoto (2007b, p. 171),

> A profissionalização do Serviço Social pressupõe a expansão da produção e de relações sociais capitalistas, impulsionadas pela industrialização e urbanização, que trazem, no seu verso, a questão social.
> O Estado amplia-se (nos termos de Gramsci) e passa a administrar e gerir o conflito de classe e não apenas via coerção, mas buscando construir um consenso favorável ao funcionamento da sociedade no enfrentamento da questão social [...]. O Serviço Social deixa de ser um mecanismo de distribuição da caridade privada das classes dominantes – rompendo com a tradicional filantropia – para se transformar em uma das engrenagens da execução das políticas públicas e dos setores empresariais, que se tornam seus maiores empregadores.

A seguir, versaremos sobre a relação indissociável entre Serviço Social e a adoção de políticas sociais e trabalhistas como enfrentamento à "questão social" no país.

3.2 Era Vargas: reconhecimento da "questão social"

A consolidação do capitalismo monopolista e o reconhecimento da "questão social" por parte do Estado brasileiro é um processo intimamente vinculado à formação da classe trabalhadora, que, em suas origens, necessitava de um "disciplinamento" para o trabalho industrial e adaptação ao processo de urbanização. Portanto, a industrialização e a construção de um capitalismo desenvolvido somente alcançaram condições objetivas a partir da Revolução de 1930 e da tomada do poder por Getúlio Vargas. Vale lembrar que as políticas públicas e sociais representam a principal forma de enfrentamento das expressões ou manifestações da "questão social" e passaram a ser instituídas, progressivamente, a partir da década de 1930, quando simultaneamente tornaram-se evidentes outras particularidades do Estado brasileiro: a centralização do Estado e a predominância do Executivo sobre os demais poderes. Num processo de industrialização restrita articulado a um projeto nacional-desenvolvimentista, o primeiro governo de Getúlio Vargas (1930-1945) construiu um aparato político-administrativo gigantesco para alavancar o primeiro setor. Isso envolvia a dimensão econômica e produtiva, mas também mudanças no estatuto jurídico-legal no tocante aos direitos sociais, trabalhistas e sindicais.

Entre os anos de 1930-1945, o governo Vargas criou as seguintes instituições estatais:

- **1930** – Ministério da Indústria e Comércio;
- **1931** – Conselho Nacional do Café, Instituto do Cacau da Bahia;
- **1932** – Ministério da Educação e Saúde Pública;
- **1933** – Departamento Nacional do Café, Instituto do Açúcar e do Álcool;
- **1934** – Conselho Federal do Comércio Exterior, Instituto Nacional de Estatística, Código de Minas, Código de Águas, Plano Geral de Viação Nacional, Instituto de Biologia Animal;
- **1937** – Conselho Brasileiro de Geografia, Conselho Técnico de Economia e Finanças;
- **1938** – Conselho Nacional do Petróleo, Departamento Administrativo do Serviço Público (Dasp), Instituto Nacional do Mate, Instituto Brasileiro de Geografia e Estatística (IBGE);
- **1939** – Plano de Obras Públicas e Aparelhamento de Defesa;
- **1940** – Comissão de Defesa da Economia Nacional, Instituto Nacional do Sal, Fábrica Nacional de Motores;
- **1941** – Companhia Siderúrgica Nacional, Instituto Nacional do Pinho;
- **1942** – Missão Cooke, Serviço Nacional de Aprendizagem Industrial (Senai);
- **1943** – Coordenação de Mobilização Econômica, Companhia Nacional de Álcalis, Fundação Brasil Central, Usina Siderúrgica de Volta Redonda, Consolidação das Leis do Trabalho (CLT), Serviço Social da Indústria (Sesi), Plano de Obras e Equipamentos;
- **1944** – Conselho Nacional de Política Industrial e Comercial, Serviço de Expansão do Trigo;
- **1945** – Superintendência da Moeda e do Crédito (Sumoc), Decreto-Lei n. 7.666, sobre atos contrários à ordem moral e econômica.

As políticas sociais e trabalhistas tiveram grande impulso na Era Vargas. Entretanto, a discussão e a implantação da legislação social e trabalhista antecedem o período varguista, ainda que de forma embrionária e bastante seletiva, o que trazia um caráter mais formal do que verdadeiramente de política social, considerando-se, ainda, o caráter repressivo e compensatório que pautava o discurso público no período da Primeira República (1889-1930).

> Num breve apanhado legal, podemos considerar que a legislação social e trabalhista no Brasil teve início ainda na Primeira República, contemplando poucas categorias profissionais. Eis alguns exemplos:
> - Lei n. 3.397, de 24 de novembro de 1888 (Brasil, 1888), que, mesmo antes do advento da República, estabelecia a Caixa de Socorro aos empregados das estradas de ferro do país. A Caixa de Socorro provia ajuda em caso de doença e auxílio-funeral.
> - Em 1889, o Decreto n. 10.269, de 20 de julho (Brasil, 1889), criou o Fundo de Pensões para os funcionários da Imprensa Nacional.
> - Já em 1904, o Congresso discutia questões vinculadas a acidentes de trabalho; a temática foi oficializada como medida de proteção apenas em 1919, ainda assim com restrições que responsabilizavam o próprio trabalhador (negligência ou imprudência) por boa parte dos acidentes.
> - Em 1911, foi fixada a jornada de 12 horas de trabalho, com descanso semanal.

Já durante o governo Vargas, dois aspectos foram significativos. O primeiro é a **legislação trabalhista**, com a criação da Lei Eloy Chaves, que, por meio do Decreto n. 4.682, de 24 de janeiro de 1923 (Brasil, 1923), criou a Caixa de Aposentadoria e Pensão dos Ferroviários (CAPs), instaurando o esquema tradicional da previdência social brasileira que perdurou até a ditadura militar, em 1966. As CAPs

> se destinavam à criação de um fundo, mediante a contribuição dos empregadores, dos empregados e do Estado (este através de recursos adicionais de tributação e, portanto, mediante recursos extraídos do público), com o objetivo de garantir parte do fluxo da renda normalmente auferida pelo empregado, no momento em que ele se desligasse da produção – por velhice, invalidez ou por tempo de serviço –, ou a seus dependentes em caso de morte, além de assistência médica. (Santos, 1979, p. 24)

O segundo aspecto se refere à **legislação social** com a promulgação do Código de Menores de 1927, que regulamentava o trabalho do menor por meio do Decreto n. 17.943-A, de 12 de outubro de 1927 (Brasil, 1927). Naquele período, a discriminação à criança e ao adolescente pobres era tão intensa e a repressão policial tão violenta, que o Código de Menores serviu muito mais à diferenciação da criança e do jovem tutelados pelo Estado do que à sua proteção social. Daí se origina o termo *menor* para distinguir a criança considerada "delinquente", "perigosa", "da rua" daquela socialmente aceita (Meirelles, 2014). O Código de Menores foi revisto pela primeira vez em 1979, sem sofrer grandes alterações, e foi efetivamente substituído pelo Estatuto da Criança e do Adolescente (ECA), promulgado em 13 de julho de 1990, pela Lei n. 8.069 (Brasil, 1990), quando fez mudanças efetivas na concepção de *criança* e de *adolescente*, bem como ampliou os direitos fundamentais destinados a esse segmento social, passando a considerá-los sujeitos de direitos.

A partir de 1930, na Era Vargas, ampliaram-se e efetivaram-se direitos sociais e trabalhistas no Brasil. Como já mencionado, no período anterior, os direitos eram um "esboço" defendido por algumas autoridades, mas, na prática, eram tratados como caso de polícia, passando a integrar a agenda político-estatal como direito somente a partir de 1930 e, ainda assim, muito lentamente.

Em outras palavras, a profissionalização do Serviço Social, a "questão social" e as políticas sociais, no Brasil, emergiram no contexto nacional-desenvolvimentista da Era Vargas e estão visceralmente articuladas às relações sociais de produção capitalista. A própria concepção de *cidadania* somente encontra ressonância nesse período. Disso deriva também o clássico conceito desenvolvido por Wanderley Guilherme dos Santos (1979) de **cidadania regulada**, entendida como uma forma de cidadania restrita aos sujeitos inseridos no mercado formal de trabalho, em ocupações legalmente reconhecidas. Para tanto, em 1932, instituiu-se a Carteira de Trabalho como forma de regulação social. Apenas nas condições atreladas ao porte desse documento o trabalhador teria acesso à cidadania, assegurando seus direitos sociais e trabalhistas, inexistentes para os demais trabalhadores, cujas ocupações não tivessem sido regulamentadas pelo Estado. De acordo com o autor,

> por cidadania regulada entendo o conceito de cidadania cujas raízes encontram-se, não em um código de valores políticos, mas em um sistema de estratificação ocupacional, e que, ademais, tal sistema de estratificação ocupacional é definido por norma legal. Em outras palavras, são cidadãos todos aqueles membros da comunidade que se encontram localizados em qualquer uma das ocupações reconhecidas e definidas em lei. A extensão da cidadania se faz, pois, via regulamentação de novas profissões e/ou ocupações, em primeiro lugar, e mediante ampliação do escopo dos direitos associados a estas profissões, antes que por expansão dos valores inerentes ao conceito de membro da comunidade. A cidadania está embutida na profissão e os direitos de cidadão restringem-se aos direitos do lugar que ocupa no processo produtivo, tal como reconhecido por lei. Tornam-se pré-cidadãos, assim, todos aqueles cuja ocupação a lei desconhece. A implicação imediata desse ponto é clara: seriam pré-cidadãos todos os trabalhadores da área rural, que fazem parte ativa do processo produtivo e, não obstante, desempenham ocupações difusas, para efeito legal; assim, como seriam pré-cidadãos os trabalhadores urbanos em igual condição, isto é, cujas ocupações não tenham sido reguladas por lei. (Santos, 1979, p. 75)

Nesse cenário, em que se iniciava o processo de profissionalização do Serviço Social, o Estado forjou enfrentamentos para as expressões da "questão social" mediante a criação de políticas sociais, embriões das políticas de proteção social. Além disso, instituiu leis trabalhistas que ampliariam direitos e fortaleceriam os sindicatos, muito embora sempre na perspectiva de tutelamento estatal.

3.2.1 Principais políticas sociais e trabalhistas

Entre as conquistas da legislação social e trabalhista da Era Vargas, podemos citar como as mais importantes a regulamentação da jornada de trabalho para 44 horas semanais, pelos Decretos n. 21.186, de 22 de março, e n. 21.364, de 4 de maio de 1932, respectivamente para os comerciários e para os trabalhadores da indústria (Brasil, 1932a, 1932b). O trabalho dos menores foi regulamentado somente pelo Decreto n. 22.042, de 3 de novembro de 1932 (Brasil, 1932c), que fixou em 14 anos a idade mínima para a contratação com uma jornada máxima de 8 horas diárias e proibiu o trabalho noturno. O direito a férias, discutido no Congresso e na Câmara dos Deputados desde a Primeira República, só foi regulamentado em 1º de setembro de 1933 para o comércio e os bancos. Em 1934, a regulamentação do direito a férias foi estendida aos trabalhadores da indústria. De acordo com Santos (1979), o trabalho feminino também foi regulado em 1932. Ele afirma que:

> O Decreto 21.417/A, de 17 de maio disciplina o trabalho feminino, proibindo o trabalho noturno à mulher, postulando regras para a proteção à gestante e, sobretudo, estabelecendo que "a trabalho igual se devia salário igual, não podendo, pois, o empregador, discriminar salarialmente os trabalhadores em função do sexo". (Santos, 1979, p. 29)

Com relação ao sistema público de previdência, as Caixas de Aposentadorias que mencionamos anteriormente foram progressivamente substituídas pelos Institutos de Aposentadorias e Pensões (IAPs), que se expandiram na década de 1930, cobrindo riscos ligados à perda da capacidade laborativa (velhice, morte, invalidez, doença), naquelas categorias de trabalhadores estratégicas, mas com planos pouco uniformizados e orientados pela lógica contributiva do seguro. O primeiro IAP foi criado em 1933 – o IAPM, dos marítimos –, e com isso foram se extinguindo as CAPs, organizações privadas por empresa, até 1953. Os trabalhadores participavam da direção dos IAPs, o que foi um decisivo instrumento de cooptação de dirigentes sindicais, conhecidos como "pelegos". (Behring; Boschetti, 2008, p. 106)

No que se refere à habitação, houve pouquíssimo investimento. Em 1950, passados 20 anos do primeiro governo varguista, as condições de moradia da classe trabalhadora nos grandes centros eram cada vez piores. Ampliava-se o número de favelas nas grandes cidades e, de acordo com Vieira (1995, p. 61, citado por Santos, 2012, p. 80)

em 1950 havia perto de 10 milhões de domicílios particulares (37% nas cidades e 63% fora delas), dos quais nada menos que 7 milhões eram construídos com madeira, pau a pique ou algo semelhante. Não existiam mínimas condições de conforto e higiene, pois apenas 16% do total de domicílios ocupados no país possuía, naquela ocasião, água encanada; 25% deles tinha iluminação elétrica e 33% era dotado de aparelho sanitário, achando-se somente 6% dos aparelhos ligados à rede coletora geral.

No tocante à saúde e à educação, em 1930, foram criados o Ministério da Educação e Saúde Pública, o Conselho Nacional de Educação e o Conselho Consultivo do Ensino Comercial. A respeito da política de saúde, Behring e Boschetti (2008, p. 107) explicam que

até os anos 1930, não existia uma política nacional de saúde, sendo que a intervenção efetiva do Estado inicia-se naquele momento, a partir de dois eixos: a saúde pública e a medicina previdenciária, ligada aos IAPs, para as categorias que tinham acesso a eles. A saúde pública era conduzida por meio de campanhas sanitárias coordenadas pelo Departamento Nacional de Saúde, criado em 1937. Há também, o desenvolvimento da saúde privada e filantrópica, no que se refere ao atendimento médico-hospitalar.

Já no que se refere à política educacional, Santos (2012, p. 76) explica que os investimentos foram voltados aos:

> três níveis de ensino, mas a grande novidade foi a estruturação do nível secundário, antes praticamente inexistente, a não ser como preparação para o ensino superior, e que passa agora a contar com uma política profissionalizante, como forma de qualificar a mão de obra das indústrias em expansão.

Com relação à assistência social, política fortemente presente no contexto brasileiro até os dias atuais, no ano de criação do Conselho Nacional de Serviço Social (CNSS), instituído pelo Decreto-Lei n. 525, de 1º de julho de 1938 (Brasil, 1938), prevalecia a concepção assistencialista no fornecimento de subvenções a entidades privadas responsáveis, principalmente, pelo atendimento a crianças e adolescentes.

Em 1941, foi criado, pelo Decreto-Lei n. 3.799, de 5 de novembro de 1941 (Brasil, 1941), o Serviço Nacional de Assistência ao Menor (SAM), ficando este vinculado ao Ministério da Justiça e aos Juizados de Menores, e não a algum ministério de assistência e/ou proteção social. O SAM definia todos os encaminhamentos referentes a crianças e adolescentes que necessitassem de internamento. O órgão tinha um discurso de proteção, mas o tratamento dirigido a crianças e jovens era de repressão e estava pautado pelos graus de periculosidade que estes representavam. Em conjunto com o SAM atuava a Delegacia de Menores, criada em 1945, que adotava todos os tipos de repressão e punição. Vale salientar que o atendimento ao menor, em 1955, ainda mantinha a concepção eugenista, moralista e punitiva do início do século, numa tentativa permanente de conservação racial e segurança social diante da "periculosidade dos delinquentes" (Meirelles, 2014, p. 209). A criança e o adolescente somente tiveram seus direitos fundamentais garantidos a partir de 1990, com a promulgação do ECA.

Muito importante também foi a criação, em 1942, da Legião Brasileira de Assistência (LBA), que ficou conhecida como uma das principais instituições assistenciais do país e era presidida pela primeira-dama Darcy Vargas. Essa instituição assistencial disseminou o "primeiro-damismo", de caráter clientelista, no trabalho de ajuda que realizava com famílias, crianças, idosos e doentes. Numa visão conjuntural, as instituições criadas na Era Vargas representam as necessidades de reforma do Estado para consolidar uma classe trabalhadora industrial, já vista como uma força social capaz de pressionar esse Estado para a ampliação de direitos sociais e trabalhistas. Ao mesmo tempo, o próprio Estado concede maiores recursos de forma a manter seu controle sobre essa mesma classe, inclusive com a profissionalização do Serviço Social.

A relação entre a criação de instituições estatais, o Serviço Social e a "questão social" é analisada por Iamamoto (2007a) quando a autora afirma que, na década de 1940,

> o surgimento dessas instituições representa uma enorme ampliação do mercado de trabalho para a profissão, tornando o Serviço Social uma atividade institucionalizada e legitimada pelo Estado e pelo conjunto dominante. Se o caráter de missão de apostolado social e a origem de classe dos "pioneiros" conferiam legitimidade à intervenção profissional, agora essa legitimidade será derivada do mandato institucional, confiado ao assistente social, direta ou indiretamente, pelo Estado. A vinculação institucional altera, ao mesmo tempo, a "clientela" do Serviço Social: de pequenos segmentos da população pobre em geral, atingida ocasionalmente pelas obras sociais confessionais, seu público se concentrará em amplos setores do proletariado, alvo principal das políticas assistenciais implementadas pelas instituições. Este processo consolida a profissionalização do Assistente Social, que se torna categoria assalariada, e recruta seus membros entre os setores médios. Em suma, o Serviço Social deixa de ser um instrumento de distribuição da caridade privada das classes dominantes, para se transformar, prioritariamente, em uma das engrenagens de execução da política social do Estado e de setores empresariais. (Iamamoto, 2007a, p. 31)

Na análide das condições de reprodução social da classe trabalhadora, vale lembrar que o salário mínimo – instituído em 1936 (Brasil, 2009) e oficializado em 1940 pelo Decreto-Lei n. 2.162 (Brasil, 1940) – foi interpretado rigorosamente pela legislação como salário de subsistência, de reprodução. Certamente, essa visão impede um patamar de consumo mais homogêneo por parte das famílias brasileiras (conforme previsto no fordismo-keynesianismo), de forma a realmente garantir um padrão mínimo de condições satisfatórias de vida. Dessa forma, podemos afirmar que o Estado brasileiro desconsiderou as necessidades sócio-históricas da classe trabalhadora no momento de estabelecer o salário mínimo do país, compreendendo-o somente como o limite inferior da natureza física do trabalhador (o que persiste até os dias atuais).

Outras leis foram promulgadas e assumiram relevância, bem como atos e ações institucionalizadas por parte do governo Vargas. Siqueira Neto (1992) explica que, no período entre 1930 e 1946,

> destaca-se a criação do Ministério do Trabalho (1930), pelas leis sobre organizações sindicais (1931), nacionalização do trabalho (1931), convenções coletivas de trabalho (1932), trabalho das mulheres e do menor (1932), duração do trabalho (1932), identificação do trabalhador (1932), mecanismos de solução dos conflitos do trabalho através da criação de Comissões Mistas de Conciliação (1932).
>
> Após o advento da Constituição de 1934, merece destaque a lei que implanta o regime da pluralidade sindical (1934); a lei sobre indenização por rescisão injustificada do contrato individual de trabalho e o direito à estabilidade após dez anos de serviço efetivo no mesmo estabelecimento (1935); a lei que reformula a legislação sobre acidentes de trabalho (1934); e a lei que instituiu o salário mínimo (1936).
>
> A Constituição de 1937 resgatou os traços característicos do marco corporativista nas organizações trabalhistas, e em conformidade com seus princípios reformulou-se a organização sindical. Como decorrência desta Constituição demarca-se a lei sobre organização sindical (1939); a Organização da Justiça do Trabalho (1939); e a aprovação da Consolidação das Leis do Trabalho (CLT) (1943).

Destacamos que duas das leis citadas ficaram praticamente personificadas na figura de Getúlio Vargas: a Consolidação das Leis do Trabalho (CLT), de 1943, e a legislação sindical. É oportuno mencionar, porém, que, não obstante todos os avanços que as legislações social e trabalhista trouxeram para classe trabalhadora a partir de 1930, não estavam contemplados no processo de proteção social os trabalhadores rurais, os desempregados da área urbana, os domésticos, os trabalhadores do mercado informal, os trabalhadores instáveis, entre outros. Enfim, são muitos os segmentos de trabalhadores ou desempregados que, até os dias de hoje, não contam com proteção estatal no que tange à previdência social, que, no caso brasileiro, adota o modelo contributivo.

Por esse prisma, no Brasil, as categorias de superpopulação relativa indicadas por Marx (1984) na emergência política da "questão social" encontravam-se na condição de **pré-cidadãos**. Entendemos, então, que Cardoso (2010, p. 208) está correto quando avalia que "Vargas não preconizou a igualdade, apenas a justiça social ancorada em máximas morais". Além disso, quando analisado pela ótica do gasto público na área social, o governo Vargas, como todos os governos brasileiros até os dias de hoje, não dedicou maior investimento às áreas de saúde, educação, trabalho, moradia e assistência social. Ao contrário, a maior parte das receitas foi direcionada ao pagamento da dívida pública, apesar do discurso político de prioridade para as áreas social e trabalhista, "num país que em 1930 contava com 80% da população situada num patamar abaixo da linha da pobreza" (Cardoso, 2010, p. 215).

3.3 Classe trabalhadora brasileira e resistência à exploração do trabalho pelo capital

Quanto à organização da classe trabalhadora, ao lado de todas as medidas iniciais para resolver as demandas do trabalho industrial (férias, trabalho infantil, regras para a contratação de mulheres etc.), no início da década de 1930, mobilizava-se uma estrutura jurídica para engessar o poder de ação dos sindicatos. De acordo com Santos (1979, p. 76), promulga-se nova lei de sindicalização, em 1931, distinguindo entre sindicato de empregados e de empregadores e fixando a sindicalização por profissões. Enquanto, de acordo com a lei de 1907, o sindicalismo era livre para definir quem pertencia ou não ao sindicato, a nova lei define quem pode pertencer ao sindicato, e mais, o funcionamento deste passa a depender do registro no recém-criado Ministério do Trabalho. Pelo Decreto 22.132, de 25 de novembro de 1932, em seu artigo primeiro, fixava-se que só podiam apresentar reclamações trabalhistas perante as Juntas de Conciliação e Julgamento os empregados sindicalizados, ou seja, os trabalhadores cuja ocupação fosse reconhecida por lei e que pudessem, pois, registrar-se num sindicato. Já pelo Decreto 23.768, artigo quarto, de 18 de janeiro de 1934, só podiam gozar férias os trabalhadores sindicalizados. As regulamentações das profissões, a carteira profissional e o sindicato público definem, assim, os três parâmetros no interior dos quais passa a definir-se a cidadania. Os direitos dos cidadãos são decorrência dos direitos das profissões e as profissões só existem via regulamentação estatal.

Isso atinge a organização da classe trabalhadora em sua totalidade. Foi uma estratégia de Estado para politizar a "questão social", porém fiscalizando-a, com o atrelamento da classe trabalhadora à burocracia estatal. Para tanto, era preciso passivizar e cooptar as lideranças sindicais, além de discipliná-las para as necessidades da industrialização capitalista, sob a regulação do Estado. Nesse aspecto, Antunes (2006, p. 500) avalia que

> a estratégia varguista foi trazer as classes trabalhadoras para a agenda estatal, politizar a questão social, tirá-la do espaço exclusivo da criminalização e das delegacias policiais, ainda que, frequentemente convertendo-a em deportação, tortura, cárcere, estado de sítio, lei de segurança nacional etc. Mas, para implementar o projeto industrial, nacionalista e estatal, que veio a se desenvolver ao longo das décadas seguintes, Vargas precisava contar com a aquiescência dos trabalhadores urbanos para manter seu poder. Num momento de fortes dissensões entre as frações dominantes – a agroexportadora cafeeira, os setores agrários não cafeeiros e os emergentes setores industriais. Foi, aliás, pela prevalência das burguesias agrárias que os trabalhadores do campo foram completamente excluídos da legislação social varguista. Ou seja, para representar os diversos e conflituosos interesses de cima, precisava do apoio, que lhe desse margem de manobra, dos de baixo.

O período sócio-histórico ora em foco foi, em meio a grande expectativa política, marcado inicialmente por forte centralização político-administrativa do Estado, e já denunciava o caráter autoritário com que seriam tratadas as relações sociais de produção, sobretudo, quando do deslocamento da economia do setor agroexportador para uma economia industrial.

Evidentemente, o processo de modernização capitalista idealizado pela classe burguesa não seria possível com a presença de confrontos sindicais. Era necessário adaptar a classe trabalhadora e, simultaneamente, reduzir as chances de reivindicação por direitos e de participação nas decisões referentes às mudanças planejadas pelo governo. O Estado varguista previa essa mudança de padrões sem a ameaça do acirramento da luta de classes. Em um de seus discursos, Getúlio diz explicitamente que "o Estado não compreende, nem permite, antagonismos de classes nem explosões violentas de luta; para esse fim, criou órgãos reguladores, que não só coordenam as relações, como [também] dirimem divergências e conflitos entre as diferentes classes sociais" (Vargas, 1942, p. 228, citado por Ianni, 2009, p. 45).

Portanto, as relações do Estado com os sindicatos se estabeleceu como nas demais ao longo do período Vargas: entre o Poder Público e a esfera privada, ou seja, com as funções e os papéis sendo ditados pelo poder estatal. Por isso, todo o arcabouço institucional do governo Vargas – incluindo as legislações social e trabalhista, os sindicatos e os órgãos públicos criados para sua jurisdição – constitui-se como um instrumento de poder político explicitamente corporativista.

Naquele contexto de modernização capitalista, construiu-se um **processo de modernização conservadora**[5], pois, mesmo com o fortalecimento dos sindicatos, o Estado restringiu a participação democrática dos trabalhadores nos processos decisórios. Soma-se a isso o que lembra Cardoso (2010, p. 222):

> o trabalhador dos sonhos de Vargas não era bem aquele trabalhador rude descendente da escravidão e destituído da ética burguesa do trabalho. Era o homem arrimo de família, alfabetizado, higienizado, saudável, senhor de uma profissão e titular de direitos sociais cuja origem seria sua vinculação a uma profissão regulamentada pelo Estado.

Em síntese, Vargas acreditava que o trabalhador burguês seria forjado pela revolução; daí a necessidade de uma regulação legal-institucional forte para produzir esse novo trabalhador. Observe que, nas ações governamentais do período Vargas, é possível visualizar padrões de regulação do trabalho nitidamente fordistas, num processo político-ideológico de **revolução passiva**, pois todas as definições importantes eram realizadas com a busca de **cooptação política das lideranças sindicais**.

Em 1931, foi criado o Ministério do Trabalho, Indústria e Comércio (MTIC) – pelo Decreto n. 19.433, de 26 de novembro de 1930 (Brasil, 1930) – como órgão responsável pela regulação das relações trabalhistas ao qual caberia

> difundir o novo modelo do sindicato oficial, reconhecido, mas tutelado, que de início enfrentará a competição das organizações sindicais autônomas construídas ao longo das três primeiras décadas do século. Os objetivos desses novos sindicatos são claros: servir como

---

5 "Por modernização conservadora, entenda-se, *grosso modo*, um processo de modernização que privilegia o crescimento econômico em detrimento de um desenvolvimento social-político-econômico que vislumbre a participação da classe trabalhadora e a ampliação de direitos de cidadania. Nesse caso, a modernização seria somente econômica e, ainda assim, voltada para os interesses exclusivos das classes dominantes. Ou seja, o crescimento econômico ocorre sem se libertar de aspectos conservadores que caracterizaram as origens 'arcaicas', especialmente a preservação dos latifúndios, que configuram o capitalismo brasileiro" (Souza; Meirelles; Lima, 2016, p. 55).

interlocutores dos trabalhadores junto ao governo e vice-versa, funcionando por dentro do Estado, como órgãos públicos e, portanto, submetidos também às diretrizes das demais instâncias governamentais. (Matos, 2009, p. 63)

Em 1942, a entrada do Brasil na Segunda Guerra Mundial facilitou a manutenção do controle estatal sobre as organizações da classe trabalhadora, muito embora existissem algumas mobilizações mais autônomas pela redemocratização do país. Esse processo permitiu ao Estado varguista a construção de um discurso voltado à proteção social da classe trabalhadora antecipando algumas reivindicações e amenizando as pressões por melhores condições de trabalho, direitos sociais e autonomia sindical. É aqui, portanto, que reside o papel central das legislações social e trabalhista criadas no governo Vargas, do início dos anos 1930 até a Consolidação das Leis do Trabalho (CLT) de 1943.

Quando retomada a democratização, no período entre 1945 e 1964, ocorreram diversas fases de crescente mobilização sindical. Os anos gloriosos do capitalismo pós-Segunda Guerra foram acompanhados de intensiva participação sindical nas decisões nacionais, sobretudo, no início da década de 1960. Entretanto, a estrutura dos sindicatos em nenhum momento foi alterada.

O período da ditadura civil-militar, de 1964 a 1985, é um dos momentos mais significativos da história da classe trabalhadora brasileira em virtude das amplas tentativas do Estado e das burguesias nacional e internacional de desconstruir uma série de conquistas históricas dos trabalhadores.

De acordo com Paulo Netto (2004), o Estado brasileiro no período da ditadura civil-militar representa as bases de sustentação da autocracia burguesa. Ele explica que:

> a articulação político-social que fundava o Estado brasileiro às vésperas de 1964 problematizava o padrão de desenvolvimento dependente [...] o Estado que se estrutura depois do golpe de abril expressa o rearranjo político das forças socioeconômicas a que interessavam a manutenção e continuidade

> daquele padrão (dependente e associado), **aprofundadas a heteronomia e a exclusão**. Tal Estado concretiza o pacto contrarrevolucionário exatamente para assegurar o esquema de acumulação [...] readequando-o às novas condições internas e externas que emolduravam, de uma parte, o próprio patamar a que ele chegara e, de outra, o contexto internacional do sistema capitalista, que se modificava acentuadamente no curso da transição dos anos cinquenta aos sessenta. Readequado, **aquele esquema é definido em proveito do grande capital, fundamentalmente dos monopólios imperialistas**. O Estado erguido no pós-64 tem por funcionalidade assegurar a **reprodução do desenvolvimento dependente e associado**, assumindo, quando intervém diretamente na economia, o papel de repassador de renda para os monopólios, e politicamente mediando os conflitos setoriais e intersetoriais em benefício estratégico das corporações transnacionais na medida em que o capital nativo ou está coordenado com elas ou com elas não pode competir (e não é infrequente que a coordenação se dê também por incapacidade de competir. (Paulo Netto, 2004, p. 27-28, grifo do original)

Fazemos menção aqui a uma conquista processual que envolveu direitos sociais, trabalhistas, civis, políticos e de organização, inúmeras lutas pela soberania nacional, que ficaram impressas na luta de classes em nosso país e que particularizam a "questão social" brasileira, sob a lógica da modernização conservadora. Sobre esse período, Iamamoto (2007b) analisa:

> Com a "modernização conservadora", verifica-se uma aliança do grande capital financeiro, nacional e internacional, com o Estado nacional, que passa a conviver com os interesses oligárquicos e patrimoniais, que também se expressam nas políticas e diretrizes governamentais, imprimindo um ritmo lento à modernização capitalista da sociedade. As desigualdades agravam-se e diversificam-se, expressas nas lutas operárias, nas reivindicações do movimento negro, nas lutas pela terra, pela liberdade sindical e pelo direito de greve, nas reivindicações em torno dos direitos à saúde, à habitação, à educação, entre outros, assim como contra a degradação ambiental. (Iamamoto, 2007b, p. 140)

No conjunto, a ditadura prometia uma modernização capitalista, que acabou configurando uma modernização conservadora (Fernandes, 2006) à custa de maior exploração dos trabalhadores e da militarização das relações de classes, ou seja, a repressão militar tomou conta de todos os espaços da vida social – do chão da fábrica, das escolas, das famílias, dos partidos, dos sindicatos. Todas as atividades humanas são mediadas pela possibilidade de confronto com a violência "legítima" do Estado.

Nesse contexto, a financeirização da economia mundializada abriu caminho para consolidar o deslocamento dos fundos públicos destinados às políticas sociais para o pagamento da dívida pública, sobretudo da dívida externa (esse deslocamento já ocorria explicitamente desde o período Vargas). Para um país de capitalismo dependente, isso inviabiliza a superação da "questão social", tendo em vista que reduz os recursos destinados ao atendimento aos trabalhadores mediante políticas públicas sociais.

> É prática histórica e permanente em nosso país o deslocamento de parte do *superavit* primário para amortizar os juros da dívida pública, especialmente da dívida externa, subtraindo, assim, o investimento em políticas públicas sociais. Isso tem se aprofundado na contemporaneidade, acompanhando as desregulamentações previstas no ideário neoliberal.

Na ditadura, ocorreram algumas modernizações, como a uniformização e a unificação do Regime Geral da Previdência Social (RGPS), e a posterior implantação do Instituto Nacional de Previdência Social – criado em 1966 pelo Decreto-Lei de 21 de novembro (Brasil, 1966). Mesmo assim, a maioria dos trabalhadores permaneceu sem proteção pela previdência social. Em 1970, foram criados o Programa de Integração Social (PIS) e o Programa de Formação do Patrimônio do Servidor Público (Pasep), que regulam a pífia participação dos trabalhadores nos lucros das empresas. Em 1971, nasceu o Fundo da Assistência ao Trabalhador Rural (Funrural) e, em 1972, a previdência social foi estendida às empregadas domésticas. Em 1974, foi criado um programa de transferência de renda (PTR) denominado Renda Mensal Vitalícia (RMV), o qual contemplava, com uma política de renda mínima, idosos e pessoas com deficiência.

No início da década de 1980, ainda sob o arbítrio da ditadura militar, o Serviço Social brasileiro se propôs a fazer uma renovação teórico-metodológica que renovou também a própria concepção de *questão social*. Se nos períodos anteriores a profissão tratava a "questão social" em conformidade com sua vertente conservadora de viés positivista, no processo de renovação da profissão e de interlocução com a perspectiva marxista, a temática passou a ser concebida à luz da vertente crítica, ou seja, nos moldes indicados por Iamamoto (2001b), como a matéria-prima da profissão.

3.4 "Questão social" na redemocratização

A partir de 1985, com a denominada *redemocratização*, o processo de financeirização do capital já estava praticamente consolidado nos países de capitalismo central, mas se tornou mais nefasto para a classe trabalhadora brasileira após a incorporação da **mundialização do capital** (globalização) e do **neoliberalismo**, na década de 1990.

Estando o trabalho na centralidade da "questão social", a proposta neoliberal iniciada no Brasil em 1990, no governo de Fernando Collor de Melo (1990-1992), desencadeou uma série de mudanças que aprofundaram a "questão social", uma vez que "os investimentos especulativos são favorecidos em detrimento da produção, o que se encontra na raiz da redução dos níveis de emprego, do agravamento da questão social e da regressão das políticas sociais públicas" (Iamamoto, 2007b, p. 143).

O Brasil incorpora as deliberações do Consenso de Washington[6], de caráter nitidamente neoliberal. O neoliberalismo questiona a sociedade salarial e a organização do trabalho desenvolvida ao longo do século XX, seguindo o fordismo-keynesianismo. Um exemplo é o governo de Fernando Henrique Cardoso (1994-2002), idealizador do Plano Real, que privatizou empresas estatais, aumentou a taxa de juros, ampliou ainda mais o endividamento do país com a tomada de empréstimos para cobrir os ataques especulativos que só faziam aumentar o descrédito do Brasil em suas relações internacionais. De qualquer forma, se, por um lado, o Plano Real conseguiu combater a inflação, por outro, ampliou a concentração de renda, o que agravou a desigualdade social. Além disso, promoveu o contingenciamento de gastos com políticas públicas e sociais, aprovou a Reforma do Estado do Ministro Luiz Carlos Bresser-Pereira com vistas ao enxugamento da máquina pública e à maior racionalização de serviços, que, na verdade, propunham uma verdadeira "reformatação do Estado brasileiro para adaptação passiva à lógica do capital" (Behring; Boschetti, 2008, p. 151).

Ocorreu uma série de reformas de ajuste fiscal que revisavam a estrutura das principais políticas sociais públicas brasileiras, com o intuito de reduzir as garantias constitucionais de direitos, revelando uma contrarreforma com vistas à acumulação do capital. De acordo com Behring e Boschetti (2008),

> observa-se que o centro da "reforma", na verdade, foi o ajuste fiscal. O "reformismo" neoliberal traz em si uma forte incongruência entre o discurso da chamada reforma e a política econômica. Aqui ocorreu uma espécie de **aparente esquizofrenia**: argumentava-se que o problema estaria localizado no Estado, e por isso seria necessário

---

6 O Consenso de Washington foi uma reunião dos principais dirigentes financeiros internacionais, realizada em 1989, na cidade de Washington, e ficou conhecido por ter estabelecido os protocolos de ajustes neoliberais para os países latino-americanos. O conjunto de medidas denominadas *neoliberais* tiveram como consequência a subordinação do Brasil e dos outros países latino-americanos às exigências da nova ordem mundial sob os ditames dos organismos internacionais e de agências multilaterais, coordenados pelo Fundo Monetário Internacional (FMI) e pelo Banco Mundial (Souza; Meirelles; Lima, 2017).

> reformá-lo para novas requisições, corrigindo distorções e reduzindo custos, enquanto a política econômica corroía aceleradamente os meios de financiamento do Estado brasileiro através de uma inserção na ordem internacional que deixou o país à mercê dos especuladores no mercado financeiro, de forma que todo o esforço de redução de custos preconizado escoou pelo ralo do crescimento galopante das dívidas interna e externa. (Behring; Boschetti, 2008, p. 152, grifo do original)

Para tanto, a reforma do Estado da década de 1990 adquiriu significados bastante diversos no que se referia ao atendimento das necessidades sociais da população brasileira, pois elas tratavam de desresponsabilizar cada vez mais o Estado (com forte campanha para sua satanização) pelo financiamento das políticas sociais, sobretudo, das políticas de seguridade social e educação. No Brasil, os governos que assumiram o receituário neoliberal – Fernando Collor de Melo, Itamar Franco, Fernando Henrique Cardoso (FHC), Luiz Inácio Lula da Silva (Lula), Dilma Rousseff e o presidente empossado depois do *impeachment* de 2016, Michel Temer – não construíram espaços de discussão com a classe trabalhadora para promover as mudanças de ajustes estruturais; ao contrário, "dirigiram-se para reformas constitucionais e medidas a serem aprovadas num Congresso Nacional balcanizado, ou mesmo para medidas provisórias" (Behring; Boschetti, 2008, p. 152).

Sendo assim, os princípios constitucionais balizadores das políticas sociais públicas – como universalidade, uniformidade e equivalência, seletividade e distributividade, irredutibilidade e diversidade das bases de financiamento – foram reprimidos pela lógica dos ajustes impostos pelo FMI, ampliando a pobreza relativa e a desigualdade social no país.

No período FHC, no que se refere ao enfrentamento da "questão social", destacamos a implantação de **programas de transferência de renda**. Com o declínio dos gastos públicos em políticas públicas sociais, o projeto neoliberal optou por **ações focalizadas na pobreza extrema ou pobreza absoluta**, restando agir somente como um facilitador na implantação de programas sociais de caráter mais universalizante.

Explicando melhor: na década de 1990, por sugestão do Banco Mundial, os programas de transferência de renda foram repensados como programas de combate à pobreza. Lembre-se da existência da RMV na década de 1970, como um programa sem muita visibilidade e focalizado somente nos idosos e nas pessoas com deficiência em condição de pobreza. Por isso, no governo FHC, esses programas foram renovados, passando a ser destinados a famílias com crianças. Dessa forma,

> foram criados diversos programas cujos benefícios eram concedidos mediante condicionalidades, como a obrigatoriedade da presença da criança na escola e o regular acompanhamento de sua saúde básica. São exemplos os Programas Bolsa Escola, Cartão Alimentação, Bolsa Alimentação e Auxílio-Gás. A sua administração não era centralizada, estando cada programa submetido a um ministério. (Boyadjian, 2010, p. 297)

Evidentemente, não se pode igualar o neoliberalismo de viés ultraconservador do período FHC com a postura neoliberal dos governos petistas, que assumiram o poder em 2003 e imprimiram maior visibilidade e valorização à "questão social". Contudo, mesmo nos governos Luiz Inácio Lula da Silva (2003-2011) e Dilma Rousseff (2011-2016), os quais assumiram uma postura neoliberal mais branda, qualificada por alguns estudiosos como *social-liberalismo*[7], a "questão social" continuou a se agravar.

---

7 Castelo (2011) e Behring (2014) estudam esse conceito. Para o primeiro, o social-liberalismo é "uma variante ideológica do neoliberalismo que surgiu para recompor o bloco histórico neoliberal dos pequenos abalos sofridos diante da crise conjuntural dos anos 1990" (Castelo, 2011, p. 22, citado por Meirelles, 2015, p. 79). Já para Behring (2014), existe um equívoco conceitual quando se adota a concepção de neodesenvolvimentismo para analisar o contexto do Brasil contemporâneo. Para ela, "existem méritos no projeto em curso no Brasil dos últimos 10 anos, mas não reversão de tendências estruturais ou políticas desenvolvimentistas e acrescentamos, reformistas, pois o deslocamento induzido pelo Estado brasileiro não opera na reversão da heteronomia, embora atue sobre a outra face do drama crônico, qual seja, a miséria [...]. No Brasil, o neodesenvolvimentismo na verdade se trata de social-liberalismo: o suporte para o desempenho das funções do Estado na periferia, no ambiente da crise. Há mediações novas, mas não rupturas substantivas" (Behring, 2014, p. 12-13, citado por Meirelles, 2015, p. 79).

Isso ocorreu inclusive a despeito da redução da pobreza absoluta e dos ínfimos índices de redução da desigualdade social. Isso já era previsto pelo fato de que, ao assumir a presidência da República, Lula já acompanhava as teses pós-modernas – sobretudo a da terceira via –, que vinham sendo ensaiadas desde finais da década de 1990.

A tese da terceira via foi proposta por Anthony Giddens, na década de 1990. O autor preconiza que seria possível a superação das contradições de classe, inclusive a superação do próprio socialismo, com a harmonização entre classes sem que fosse necessário instalar algum tipo de revolução.

A terceira via se apresenta, então, como alternativa ao conservadorismo da direita (neo)liberal e ao utopismo da esquerda que vislumbra o socialismo (sempre muito próximo aos valores da social-democracia). Para o autor, o socialismo não resiste mais às transformações técnico-científicas ocorridas nas sociedades contemporâneas, as quais buscam maior equilíbrio e democracias que reduzam a eclosão de guerras.

Segundo Giddens (1999, p. 53),

> com a morte do socialismo como uma teoria de administração econômica, uma das principais linhas divisórias entre esquerda e direita desapareceu, pelo menos para o futuro previsível. A esquerda marxista desejou derrubar o capitalismo e substituí-lo por um sistema diferente. Muitos social-democratas também acreditaram que o capitalismo podia e devia ser progressivamente modificado, de modo a perder a maior parte de suas características definidoras. Ninguém mais tem qualquer alternativa para o capitalismo – as discussões que restam dizem respeito e até que ponto, e de que maneiras, o capitalismo deveria ser governado e regulado. Essas discussões são certamente significativas, mas não se igualam às discordâncias mais fundamentais do passado".

3.4.1 Sindicatos

Como mencionado anteriormente, a "questão social" é um conceito com dupla dimensão: (1) representa as inúmeras contradições do capitalismo, por exemplo, a exploração capitalista e a concentração de renda e propriedade; (2) envolve a luta da classe trabalhadora com rebatimentos intensos pela ampliação de direitos. Por isso, é importante trazer à luz aspectos do sindicalismo no Brasil, na medida em que os sindicatos, desde meados do século XIX, apresentam-se como uma importante representação da classe trabalhadora e de suas contraofensivas sociais, políticas e econômicas.

No início da redemocratização, em 1985, os sindicatos (que, gostemos ou não, em conjunto com os partidos políticos de esquerda, ainda representam a busca por direitos trabalhistas perante o Estado e a classe capitalista) experimentaram grande avanço em sua autonomia por um movimento sindical que, na década de 1980, em nosso país, ficou conhecido como *novo sindicalismo*.

O novo sindicalismo se refere à manifestação dos trabalhadores em variadas formas de paralisações e greves, marcando uma postura independente e combativa que ampliava a autonomia e o caráter político dos sindicatos para um confronto explícito à tutela do Estado e à exploração capitalista. O fortalecimento da organização política dos trabalhadores iniciado em 1978 culminou com a constituição do Partido dos Trabalhadores (PT) em 1980, tendo como principal liderança Lula. Os sindicatos organizados criaram, em 1983, a Central Única dos Trabalhadores (CUT) e, no ano seguinte, o Movimento dos Trabalhadores Rurais sem Terra (MST). Especificamente sobre os trabalhadores rurais, Antunes (1995, p. 29) esclarece:

> A organização dos trabalhadores rurais teve papel decisivo na criação da CUT. O movimento sindical rural vivenciou um significativo desenvolvimento nas últimas décadas do século XX, especialmente pela ação da esquerda católica que conferiu ao novo sindicalismo e ao movimento das oposições sindicais a presença central do proletariado rural e dos pequenos proprietários expulsos da terra em função da concentração fundiária.

É importante destacar que a CUT resultou da associação de várias forças sociais de correntes políticas mais combativas que já atuavam no movimento sindical em períodos anteriores. Nesse sentido,

> aglutinou-se desde o sindicalismo independente, isto é, sem militância política anterior e sem uma convicção ideológica consolidada, da qual uma vez mais a figura de Lula tipifica, à qual se somaram amplos contingentes da esquerda católica, sob influxo da Teologia da Libertação e da opção preferencial pelos pobres. Aglutinou-se também, [sic] tendências socialistas e comunistas várias, dissidentes da esquerda tradicional ou vinculados às postulações de Leon Trotski. Era um ideário diverso, multifacetado dentro das esquerdas, mas com um ponto básico convergente: estruturar uma central sindical de âmbito nacional capaz de constituir-se em um instrumental decisivo para a ação do trabalho em nosso país. Intimamente vinculada ao Partido dos Trabalhadores, contava, entretanto, com militantes de outros partidos, como o PDT, além de significativo contingente de militantes sindicais não partidários. (Antunes, 1995, p. 30)

A criação da CUT estimulou a formação de outras centrais, como a Central Geral dos Trabalhadores (CGT), em 1983, e a Força Sindical (FS), em 1991, esta última mais aliançada com o governo e com o patronato na defesa do sindicalismo de resultados, o qual converge plenamente com o ideário neoliberal. Entretanto, se, por um lado, essa pluralidade representou maior liberdade e autonomia sindical, por outro, foi responsável pela fragmentação das lutas da classe trabalhadora, pois obstruiu a coesão necessária na correlação de forças políticas com a classe burguesa capitalista nacional e internacional, bem como com os aparelhos de controle do Estado. Ainda assim, no contexto brasileiro, a CUT mantém, no que toca à representatividade, até os dias de hoje, certa predominância em relação às outras centrais.

Num cenário de intensa mobilização da classe trabalhadora, impulsionado pela reabertura política e por práticas redemocratizantes, a década de 1980 entrou para a história sindical brasileira do século XX como o período de revitalização das práticas grevistas no país, o que somente foi possível depois do final da ditadura militar, em 1985.

Contudo, com a entrada dos anos 1990 e a incorporação de políticas neoliberais, o novo sindicalismo se deparou com desafios inquietantes para a classe trabalhadora, sobretudo com o aumento do desemprego e do trabalho precarizado, bem como com as contrarreformas que resultaram no enfraquecimento e no "esvaziamento" do movimento sindical brasileiro.

As privatizações, as desregulamentações e as demais reestruturações promovidas pelo governo FHC alteraram as relações de trabalho, sobretudo nos setores empresariais mais expostos à concorrência intercapitalista, seguidas posteriormente por outros setores da economia até atingir os serviços. A ideia se baseava na reestruturação produtiva em andamento nos países imperialistas. Nesse sentido, a terceirização, a subcontratação e a informalização do trabalho representavam (como ainda representam) um grande entrave aos movimentos sindicais no tocante às negociações com as empresas e à redução das contribuições sindicais.

Contudo, havia, ainda, a ofensiva político-ideológica do governo FHC contra os sindicatos e contra a esquerda de maneira geral. A reação violenta à greve dos petroleiros em 1995 com a ocupação das refinarias pelo exército e a demissão de 59 líderes sindicais já anunciava a intolerância do governo ao movimento sindical. Além das greves, havia outras tentativas populares de minar as investidas neoliberais do governo FHC, especialmente com relação às privatizações das empresas estatais que acarretavam grande número de demissões.

Nesse cenário, na década de 1990, os números de sindicalizações e de participações em greves, progressivamente, reduziram enormemente. Uma das principais causas desse declínio foi

> a profunda recessão e o desemprego crescente, decorrentes do Plano Collor I, que desarmou o movimento sindical [...] e também a série de práticas inovadoras, de cariz organizacional e a livre negociação de salários, com a concessão de abonos e antecipações salariais, [que] colaboraram com o recuo das greves, principalmente no setor industrial. (Alves, 1998, p. 156)

O recuo das centrais sindicais resultou em uma postura mais defensiva do que combativa por parte dos sindicatos e promoveu certa **despolitização** tanto das lideranças quanto das bases sindicais, concretizadas no deslocamento de atividades reivindicatórias para a prestação de serviços sociais e o estreitamento de vínculos com a financeirização capitalista. Isso ficou ainda mais evidente com o governo Lula.

Filgueiras e Gonçalves (2007, p. 29) analisam que, ao longo do governo Lula, houve forte cooptação política nos sindicatos:

> durante o governo Lula assiste-se à crise das instituições políticas e de representação política (dos sindicatos e partidos). Essa crise decorre tanto do processo objetivo de redefinição da composição da classe trabalhadora como da cooptação político-institucional de parcela importante das direções sindicais e partidárias.

Com a vitória de Lula para a presidência da República, a perspectiva crítica que predominava na CUT, a qual já tinha sofrido um recuo bastante significativo ao longo dos anos 1990, parece ter chegado ao fim. Na verdade, a vinculação histórica da central ao partido vencedor, o qual também fizera seu giro à direita assumindo, como já visto a perspectiva social-liberal de mercado, levou a maioria dos integrantes da CUT a assimilar as propostas governamentais. Galvão (2013, p. 362) entende que

> a estreita relação entre a Articulação Sindical – corrente mais crítica da CUT – e a principal tendência petista, à qual pertenciam Lula e os principais quadros do governo federal, além do fato de as correntes majoritárias da CUT e do PT terem passado por um processo de conversão ideológica semelhante – que as levou a se adaptar à ordem capitalista e, no interior desta, à assimilação de elementos do ideário neoliberal –, parecem explicar em grande medida o enfraquecimento da perspectiva crítica.

A autora se refere também à mudança ocorrida no formato dos eventos comemorativos ao Dia do Trabalho, anteriormente celebrado com comícios, protestos e manifestações de caráter político. Com a vitória do PT, a CUT, seguindo os passos da FS, passou a realizar festas, megaeventos com artistas famosos, sorteios de carros e apartamentos, despolitizando uma data que sempre foi referência para reafirmar a luta dos trabalhadores.

Contudo, a explicação para essa mudança é um pouco mais profunda e está vinculada à disseminação da perspectiva neoliberal e dos processos de financeirização da economia que incorporaram os sindicatos como forma de estabelecer o consenso com a classe trabalhadora. Já referimos que Lula, desde o início, deu sinais de continuidade à pragmática do governo FHC numa clara demonstração de que não promoveria mudanças significativas ou ofensivas às reformas estruturais do governo anterior. Em outras palavras, o líder petista não se propôs a proceder à desconstrução do Estado neoliberal. Além disso, o complexo de reestruturação produtiva assumiu um caráter sistêmico a partir da década de 2000 em nosso país – processo denominado por Alves (2006, p. 462) "acumulação flexível de substrato predominantemente financeirizado" – que, na esteira do neoliberalismo, atinge visceralmente a base de mobilização sindical. Segundo Alves (2006, p. 462), o neoliberalismo "parece ser uma cultura (e uma psicologia) do capital e de seu sociometabolismo" atingindo todas as esferas da vida social.

E aqui se instala uma situação de fundamental importância, porque são inseridas as centrais no sistema de financeirização de forma absolutamente legitimada pelo Estado. Galvão (2013, p. 363) explica que, para amenizar os conflitos que emergiram no interior das centrais, sobretudo, da CUT,

> o governo ofereceu aos sindicatos a possibilidade de criarem fundos de pensão, disponibilizando mais um serviço a seus filiados. Por essa modalidade de investimento, os sindicatos adquirem uma nova fonte de receita (a taxa de administração dos fundos) e colaboram para disseminar a imagem do trabalhador investidor e a ideia da gestão democrática, cujo pressuposto é que o trabalhador participará da gestão do fundo.

Em síntese, o mais importante para a cooptação sindical no governo Lula foi o **aparelhamento do Estado** realizado já no início do governo, privilegiando, gradativamente, sindicalistas na ocupação de cargos na burocracia estatal, incluindo aí a administração de valores milionários de fundos de pensão. Os conflitos acarretaram um processo intenso de desfiliações e cisões com a criação de outras centrais ou movimentos autônomos. Mesmo assim, o governo Lula manteve-se com o apoio da maioria das centrais sindicais, inclusive as recém-criadas. Porém, no que se refere às lutas sociais na área rural, pode-se dizer que o MST, apesar de também contar com alguns vínculos históricos com o PT, não se deixou subordinar plenamente pelas políticas neoliberais do governo Lula. É verdade que não se constatou qualquer ataque explícito do MST contra o governo federal no período, mas o movimento não abandonou a política de ocupação de terras, sua reivindicação por reforma agrária e adotou a agroecologia como confronto permanente aos transgênicos e ao agronegócio.

Diante desse contexto de total cooptação sindical por parte do governo Lula, novas centrais sindicais e novos partidos foram criados ou, mais propriamente, desmembrados dos existentes, numa clara manifestação de confronto à **decadência ideológica** promovida na era Lula. As centrais mencionadas anteriormente continuam atuando fortemente, mas, no cenário recente, emergiu a Coordenação Nacional de Lutas (Conlutas),

> criada como embrião de uma nova central dos trabalhadores, rompendo com a CUT e tendo como principal força política o Partido Socialista dos Trabalhadores Unificados (PSTU), além de incorporar parcelas do Partido Socialismo e Liberdade (PSOL) e outros setores de esquerda independente [...] Há também a Intersindical, oriunda de setores críticos que romperam com a CUT e conta com boa presença de militantes sindicais do PSOL, ex-militantes do PT e outros setores de esquerda independentes [...] No campo da esquerda sindical, ainda que assumindo uma posição de apoio ao governo Lula, temos a recém-formada Central dos Trabalhadores e Trabalhadoras do Brasil (CTB), originada da Corrente Sindical Classista, vinculada ao Partido Comunista do Brasil (PC do B), que se desfiliou da CUT em 2007 para criar sua própria central. (Antunes, 2011, p. 149)

Salientamos que, ao longo de três décadas, ocorreu uma importante fragmentação na organização da classe trabalhadora brasileira, com vários matizes de posicionamento político. Não obstante, impuseram-se novos desafios ao movimento sindical brasileiro para a reorganização e a recuperação da credibilidade da base sindical e popular com propostas para resgatar a autonomia e a solidariedade de classe pautadas pela defesa das necessidades reais da classe trabalhadora.

3.5 Crises capitalistas: uma contradição ineliminável

As crises capitalistas representam uma contradição ineliminável no processo de desenvolvimento do capitalismo. Nesse sistema, mesmo não havendo falta de matérias-primas, objetos e ferramentas de trabalho, meios de produção e força de trabalho, de tempos em tempos, ocorrem crises. Elas são cíclicas e aumentam o desemprego. Ocorre a escassez de produtos e caem os níveis de consumo das famílias e dos países. Até mesmo Estados Unidos, Alemanha e Japão, supostamente inabaláveis, se veem ameaçados em sua organização socioeconômica. Marx e Engels (2005) já alertavam para as inevitáveis crises do capitalismo, algumas delas já conhecidas pelos teóricos. Segundo os autores,

> repentinamente, a sociedade vê-se de volta a um estado momentâneo de barbarismo; é como se a fome ou uma guerra universal de devastação houvessem suprimido todos os meios de subsistência; o comércio e a indústria parecem aniquilados [...] porque a sociedade possui demasiada civilização, demasiados meios de subsistência, demasiada indústria, demasiado comércio. (Marx; Engels, 2005, p. 57-58)

Sendo assim, para entender a "questão social", é importante levar em consideração que as crises capitalistas incidem fortemente no processo de desigualdade social e de pauperização da classe trabalhadora, o que exige o conhecimento de algumas de suas causas, as quais apresentamos na seção que segue.

3.5.1 Algumas causas das crises capitalistas

Para entender as crises do capital, é importante lembrar que duas das principais contradições do modo de produção capitalista residem na **concentração de renda derivada da propriedade privada dos meios de produção** e da **anarquia do sistema de produção**, na medida em que é um sistema cujos produtos não são produzidos para uso comum, de acordo com as necessidades reais da população, mas para um sistema de trocas que visa à ampliação de lucros. Dessa forma, a busca desenfreada por lucros, somada à anarquia do modelo de produção, produz tantas mercadorias que elas não encontram escoamento suficiente no processo de consumo, sobretudo porque as crises aprofundam o processo de pauperização relativa e absoluta da classe trabalhadora, impedindo o acesso dessa parte da população ao consumo.

Nesse aspecto, Paulo Netto e Braz (2006, p. 156) explicam que

> A história, real e concreta, do desenvolvimento do capitalismo, a partir da consolidação do comando da produção pelo capital, é a história de uma sucessão de crises econômicas – de 1825 até as vésperas da Segunda Guerra Mundial, as fases de prosperidade econômica foram catorze vezes acompanhadas por crises; a última explodiu em 1937/1938, mas foi interrompida pela guerra.

Podemos afirmar que qualquer sistema de produção busca o equilíbrio no processo de produção, circulação, troca e consumo, especialmente porque é um processo com etapas que representam uma unidade, uma totalidade que, quando atingida em uma de suas partes, é atingida como um todo. Por isso, o que vivenciamos no sistema capitalista é um desequilíbrio avassalador que compromete, ciclicamente, a estabilidade do próprio sistema.

Marcelo Braz (2016) é um dos mais importantes estudiosos das crises capitalistas no âmbito do Serviço Social brasileiro e de áreas afins. Ele analisa as crises capitalistas explicando que a atual, desencadeada em meados da década de 1970 e com vários períodos de aprofundamento, como o ocorrido em 2008, não levará à superação da ordem burguesa. De acordo com a interpretação de Braz (2016, p. 27),

> o capitalismo, por si só, sempre dará em mais capitalismo. A natureza da crise do capital que se aprofundou a partir de 2008 não é diferente, em sua essência, das crises que abateram o sistema em tantas outras vezes, tipificadas pelos traços constitutivos do estágio imperialista que se estruturou justamente a partir de outra grande e grave crise, a de 1873. Ela é movida pela natureza contraditória do desenvolvimento capitalista que, ao potencializar seu processo de reprodução ampliada (sua própria acumulação de capital), reproduz os fatores que exponenciam suas contradições e acionam crises que, desde as últimas décadas do século XX, têm maior duração e se exprimem em períodos menos espaçados (e sem ondas longas expansivas), alternando períodos espasmódicos de crescimento, auge, crise, recessão ou depressão, retomada... A contradição central (a produção social e a apropriação privada) e o caráter anárquico da produção potencializam e assentam o desdobramento das crises capitalistas que podem se expressar na tendência de queda da taxa média de lucro e/ou na combinação de superprodução de mercadorias/subconsumo das massas trabalhadoras.

Portanto, a anarquia do modo de produção capitalista não permite que o equilíbrio prevaleça, e a concorrência desenfreada pelo aumento de lucros leva a períodos de crises, as quais perduram por um tempo mais ou menos previsível.

As crises do capitalismo, ao mesmo tempo que ameaçam o desenvolvimento das forças produtivas e da acumulação de capital, promovem, necessariamente, a busca de novas estratégias para a superação desses períodos críticos; como resultado, tais estratégias renovam o sistema. Nesse sentido, as crises se transformam em condição necessária para o desenvolvimento do próprio capital. A questão é refletir até quando se encontrarão estratégias revitalizantes, sabendo-se que tais estratégias se desdobram

somente em vantagens progressivas para os capitalistas e em maior exploração para a classe trabalhadora.
Braz (2016, p. 31-32, grifo do original) aponta três causas principais para as crises, sendo todas elas movidas pelas contradições do capital:

> A **primeira delas** é a combinação da superprodução de mercadorias com a superacumulação de capitais [...] elas são complementares. A superprodução de capitais é provocada pelo movimento contraditório do capital que faz com que os capitalistas encontrem enormes dificuldades para valorizar seu capital a taxas que compensem a magnitude de sua acumulação. Quanto mais capitais ociosos mais o aumento da massa de mais-valia produzida fica aquém da acumulação de capital. Isso acaba por levar a uma tendência de descida dos lucros. A **segunda causa** é o subconsumo das massas trabalhadoras que não se resolve com o aumento de salários porque o que importa aos capitalistas não é apenas circular as suas mercadorias, mas vendê-las com lucro originado da mais-valia extraída dos trabalhadores [...] são os trabalhadores a fonte de consumo massivo das mercadorias capitalistas [...] a **terceira causa** é o movimento contraditório do capital que cria a tendência da queda da taxa de lucro [...] e o processo crescente de "financeirização" do capital [...] o processo de "financeirização" resulta da superacumulação e da queda das taxas de lucro do capital produtivo, especialmente a partir dos anos 1970.

Na seção a seguir, voltamos nossa atenção ao modo como a atual crise capitalista rebate na realidade brasileira e aos reflexos que produz na "questão social" de nosso país.

3.5.2 "Questão social" brasileira na atual crise capitalista

A atual crise econômica, que atingiu os países de capitalismo desenvolvido desde 2008, instalou-se no Brasil em 2011 e, rapidamente, pôs fim aos anos de maior estabilidade econômica que caracterizaram o governo Lula, sobretudo em seu segundo mandato (2006-2011).

A crise econômica brasileira atinge fortemente a proporção da dívida pública em relação ao Produto Interno Bruto (PIB) do país. O cenário do PIB no período 2010-2017 pode ser mais bem visualizado pelos índices do Ipeadata (2017): em 2010, quando o país ainda vivia um tempo de expansão, a economia cresceu 7,6%. Em 2011, o crescimento teve uma queda brusca, com um percentual de crescimento econômico de 3,5% e, em 2012, apresentou o índice de 1,91%. Em 2013, ocorreu uma leve recuperação e o crescimento chegou a 3,0%, caindo novamente em 2014 para o ínfimo 0,1%. Em 2015, ocorreu uma queda de 3,53%. Em 2016, ocorreu queda de 3,45% em relação ao ano anterior. No primeiro trimestre de 2017, o PIB avançou 1%, o que não contribuiu para a redução do desemprego.

Desde 2015, a taxa de desemprego não para de subir, passando de 4,8% em dezembro de 2014 para 13,6% no primeiro trimestre de 2017, isso representa cerca de 14 milhões de pessoas desempregadas. A previsão era que encerrasse o ano de 2017 com 13% de pessoas desempregadas (IBGE, 2017).

A Tabela 3.1 permite melhor visualização do cenário econômico do país entre 2010-2017 (1º trimestre).

Tabela 3.1 – Relação entre o índice do PIB brasileiro e a taxa de desemprego

Ano	Índice do PIB	Taxa de desemprego
2010	7,6%	6,7%
2011	3,5%	6,0%
2012	1,91%	5,5%
2013	3,0%	5,4%
2014	0,1%	4,8%
2015	–3,53%	8,5%
2016	–3,45%	12%
2017	+1% (1º trimestre)	13,6% (maio 2017)

Fonte: Elaborado com base em Ipeadata, 2017.

Esse cenário se apresentou como um forte argumento para o enfraquecimento do governo Dilma Rousseff após a vitória eleitoral em 2014. Esse argumento passou a integrar o discurso recorrente dos oposicionistas de que a presidenta deixou de fazer o ajuste fiscal e monetário necessário para manter os bons índices de emprego e a credibilidade do país ante o mercado internacional. Contudo, a crise que se instalou no país não é somente econômica. Trata-se de uma crise que agrega também o forte questionamento popular sobre os processos políticos do país.

A recente crise política vem se aprofundando desde 2013 e, para alguns estudiosos, é uma das mais intensas na história do Brasil. Em maio daquele ano, tiveram início algumas manifestações de rua na cidade de São Paulo. A reivindicação mais imediata partiu de estudantes que exigiam a gratuidade do transporte público na cidade na capital paulista. As manifestações foram incorporadas pelos estudantes do Rio de Janeiro e difundiram-se para todos os estados do país, deflagrando contestações, inclusive, em cidades de médio e pequeno porte. Os protestos foram se tornando diários e atingiram um número cada vez maior de participantes, sendo violentamente reprimidos pelo aparato policial.

Naquele momento, já se observava que alguns grupos reacionários tentavam relacionar as pautas reivindicatórias das denominadas *Jornadas de Junho* – que, na verdade lutavam pela ampliação de direitos – a um suposto descontentamento com o governo Dilma.

Paralelamente, o país tem experimentado um aprofundamento na "direitização" da política que invade todas as instituições, inclusive a família. No Parlamento, por exemplo, a "chamada bancada BBB (Boi, Bala e Bíblia – ruralistas, indústria de armas e evangélicos) que na verdade deveria ser BBBBB (Boi, Bala, Bíblia, Bola e Banca – os dois últimos representam a 'cartolagem' do futebol e o sistema financeiro)" (Braz, 2017, p. 89) sempre existiu, mas ganhou força com Eduardo Cunha (PMDB-RJ) na presidência da Câmara Federal. Esse é um segmento bastante organizado e expressivo na defesa de ideologias ultraconservadoras de caráter fundamentalista, atingindo até mesmo direitos humanos básicos.

É preocupante que, após os avanços conquistados pela classe trabalhadora brasileira ao longo de décadas, estejamos assistindo à revalidação de posturas político-ideológicas que representam uma ofensiva contundente aos princípios do denominado *Estado de direito* e muito importante também para o Serviço Social, pois são posturas que confrontam o projeto ético-político da profissão.

Nesse conturbado contexto social, político e econômico, deparamo-nos com o *impeachment* (que, para alguns estudiosos, incluindo a autora deste livro, foi um golpe civil-parlamentar e midiático) da Presidenta da República Dilma Rousseff, reeleita democraticamente em 2014, afrontando a já frágil democracia em nosso país. Repetindo a história, a burguesia teve êxito em se colocar como solução para os desafios que exigiriam a participação coletiva e passivisar (ainda que temporariamente) as lutas sociais da classe trabalhadora e dos movimentos sociais. Como alerta Braz (2017, p. 90, grifos do original),

> a democracia é democracia burguesa! Que por ser **restrita** ao âmbito da sociedade capitalista não propicia uma participação real da massa do povo na direção/gestão do Estado, porque se esgota nos seus limites formais. É **uma das formas políticas** dessa sociedade. No Brasil, isso se torna mais complicado porque o **modus operandi das classes dominantes** sempre foi o de manter com a democracia uma relação **exclusivamente instrumental**. Ou seja, ela é útil quando favorece (ou não atrapalha) os interesses de classe dos dominantes. Assim foi em 1945, em 1954, em 1961, em 1964. Não necessariamente porque nesses momentos tínhamos governos que colidiam frontalmente com os interesses burgueses. Basta apenas existir um governo com algum "traço popular", algum traço reformista (mesmo um "reformismo fraco") – que já não mais sirva aos interesses dominantes – para que ele possa ser desestabilizado, por dentro e por fora, internamente e externamente.

Pelo que foi dito, a proliferação de ideologias conservadoras no interior de instituições políticas e sociais do país coexiste com uma profunda crise econômica e política. A atual conjuntura pode estar indicando regressões ainda mais nefastas nas relações de trabalho e nas políticas de seguridade social, o que certamente promoverá o acirramento da desigualdade social e da pauperização absoluta e relativa da classe trabalhadora em nosso país. O presidente empossado, Michel Temer, do Partido do Movimento Democrático Brasileiro (PMDB), anteriormente vice-presidente da República nas duas eleições vencidas por Dilma Rousseff (2010 e 2014), recebeu apoio de vários partidos políticos vinculados a ideologias neoliberais e conservadoras, especialmente do Partido da Social Democracia Brasileira (PSDB), do Partido Democratas (DEM), do Partido Progressista (PP) e do Partido Trabalhista Brasileiro (PTB).

Portanto, com o *impeachment* da Presidenta Dilma Rousseff, vivemos um contexto de total insegurança e incerteza sobre o destino social, político e econômico do país. Por exemplo, o país passa por uma crise estrutural da economia, com cerca de 14 milhões de pessoas em situação de desemprego (com leve recuo no último trimestre de 2017), expansão de processos de privatização e regressão de direitos sociais, trabalhistas, políticos e econômicos. Diante desse cenário, não é difícil constatar que a aprovação da reforma trabalhista em 2017 e a provável aprovação da reforma da previdência em 2018 (escrevemos em janeiro de 2018), ainda que existam forças sociais, sindicais e partidárias que lhe são contrárias, representam uma tendência inequívoca de aprofundamento da "questão social" no país. São reformas regressivas que propõem a redução de direitos de cidadania conquistados durante pelos trabalhadores ao longo da história do capitalismo brasileiro.

Síntese

Neste capítulo, apresentamos um breve percurso sócio-histórico sobre a formação social brasileira indicando os três principais elementos que caracterizaram as relações sociais de produção nos períodos colonial e imperial. Em primeiro lugar, destacamos o fato de que o processo de produção econômica sempre esteve voltado para as necessidades do exterior, mais especificamente para as necessidades dos países imperialistas, deixando a população local à mercê dos mínimos produzidos pela pequena produção nacional. Em segundo lugar, citamos a formação de grandes latifúndios, relacionada à concentração de terras, em vez da ocupação e da produção de vários pequenos proprietários. E, em terceiro lugar, referimos o fato de que a produção de mercadorias, desde o início da colonização até fins do período imperial, ocorreu em regime de escravidão.

Abordamos, também, a formação da classe trabalhadora no Brasil, com base em estudos de Adalberto Cardoso. O autor lista cinco características da lenta transição do trabalho escravo para a consolidação do trabalho assalariado no país.

Na sequência, apresentamos como ocorreu o reconhecimento da "questão social" na Era Vargas e as principais políticas públicas sociais que emergiram naquele período. Tratamos, ainda, da consolidação dos sindicatos em nosso país, na década de 1930, bem como dos avanços e retrocessos ocorridos, após o período da ditadura militar, com os governos neoliberais que se instalaram a partir de 1990.

Um aspecto muito importe deste capítulo é a discussão sobre as crises capitalistas e seus rebatimentos para a "questão social" mundial e brasileira.

Para saber mais

ANTUNES, R. (Org.). **Riqueza e miséria do trabalho no Brasil II**. São Paulo: Boitempo, 2013. (Coleção Mundo do Trabalho).

Esse livro tem como antecedente a obra Riqueza e miséria do trabalho no Brasil I e conta com diversos artigos de autores consagrados em estudos sobre o trabalho no Brasil.

São dois volumes indispensáveis para o aprofundamento de questões vinculadas à exploração do trabalho pelo capital e às refrações para a "questão social".

BRAZ, M. **Para a crítica da crise**: diálogos com intelectuais e parlamentares da esquerda em Portugal. Curitiba: Prismas, 2016.

Livro indispensável para a compreensão das crises cíclicas do capital, em especial, a crise deflagrada em 2008. O autor apresenta um estudo da crise capitalista em Portugal e, para tanto, explica de forma bastante refinada e didática as principais causas das crises capitalistas, ocorridas de tempos em tempos.

PAULO NETTO, J. **Pequena história da ditadura brasileira (1964-1985)**. São Paulo: Cortez, 2014.

Esse livro apresenta uma análise instigante sobre o período da ditadura civil-militar no Brasil. Com uma linguagem didática e de fácil compreensão, é indispensável para a compreensão do arbítrio que aquele nefasto período representou para a população brasileira.

SANTOS, J. S. **"Questão Social"**: particularidades no Brasil. São Paulo: Cortez, 2012. (Coleção Biblioteca Básica de Serviço Social).

Nesse livro, você, leitor, encontra o detalhamento da formação sócio-histórica do Brasil e uma análise fundamental da "questão social" brasileira contemporânea.

SILVA, I. M. F. da. **Questão social e serviço social no Brasil**: fundamentos sócio-históricos. Cuiabá: EdUFMT, 2008.

Nessa obra, você encontra aspectos fundamentais da "questão social" brasileira, tanto em seus elementos sócio-históricos quanto no que toca à descrição do período neoliberal. É um livro extremamente didático que pode auxiliá-lo no aprofundamento de seus conhecimentos sobre a "questão social" brasileira.

Questões para revisão

1. Assinale a alternativa que não apresenta uma das dificuldades apontadas por Cardoso (2010) no lento processo de transição do trabalho escravo para a consolidação do trabalho assalariado no Brasil:
   a) Preocupação da burguesia brasileira com a desigualdade social e a pobreza.
   b) Impossibilidade de ex-escravos terem acesso legal às terras devolutas.
   c) Depreciação do trabalho manual.
   d) Ideia dominante de que ex-escravos eram perigosos.

2. O novo sindicalismo foi um período marcado:
   a) pela postura mais defensiva do que combativa dos sindicatos.
   b) pela austeridade política, o que estimulou os sindicatos a se organizarem corporativamente.
   c) pelo enfraquecimento sindical com queda nas taxas de sindicalização.
   d) por manifestações dos trabalhadores em variadas formas de paralisações e greves.

3. A anarquia do sistema capitalista de produção é marcada por
   a) distribuição mais igualitária dos bens produzidos e não intervenção do Estado nas decisões produtivas.
   b) consumo independente da classe social e não controlado pelo Estado.
   c) produção não planejada de acordo com as necessidades sociais, mas conforme as possibilidades de lucro capitalista.
   d) processo de produção isento de qualquer exigência do Estado ou do comércio exterior.

4. Explique as três principais causas para as crises analisadas por Marcelo Braz (2016).

5. Quais principais retrocessos caracterizam a "questão social" brasileira na atual crise político-econômica?

Questões para reflexão

1. Quais três principais elementos caracterizaram as relações sociais de produção nos períodos colonial e imperial?

   Dica: Lembre-se das características da produção econômica do país, da questão agrária e do escravismo.

2. Explique qual é a origem do vínculo entre o Serviço Social e a "questão social".

   Dica: Aqui, não se esqueça do processo de industrialização e urbanização do Brasil, intensificado a partir da década de 1930.

3. Como ocorreu a oficialização dos sindicatos no Brasil?

   Dica: Lembre-se das legislações que consolidaram a organização da classe trabalhadora no país.

4. Qual é a origem do sistema de previdência social no Brasil?

   Dica: Lembre-se da Lei Eloy Chaves.

CAPÍTULO 4

O enfrentamento da "questão social" no Brasil contemporâneo

Conteúdos do capítulo:

- Serviço Social contemporâneo e "questão social".
- Pensamento de alguns pesquisadores renomados do Serviço Social brasileiro sobre a "questão social".
- Tese da "nova questão social" para a perspectiva crítica.
- Importância do conhecimento sobre a realidade local.

Após o estudo deste capítulo, você será capaz de:

1. citar aspectos importantes da "questão social" contemporânea para o Serviço Social brasileiro;
2. explicar em profundidade as concepções de autores do Serviço Social sobre a "questão social";
3. descrever a tese da "nova questão social";
4. articular os fundamentos do Serviço Social com a "questão social" brasileira tanto no âmbito nacional quanto no âmbito local.

Apresentamos, neste capítulo, aspectos atuais da "questão social". Para tanto, articulamos os principais pressupostos do Serviço Social contemporâneo e o peso que a "questão social" assume como matéria-prima da profissão. Trazemos à luz o posicionamento da Associação Brasileira de Ensino e Pesquisa em Serviço Social (Abepss), que coordenou a elaboração das Diretrizes Curriculares homologadas em 2001 e o perfil do profissional de Serviço Social. Em seguida, apresentamos as ideias prevalecentes sobre a "questão social" para estudiosos da área como José Paulo Netto, Marilda Iamamoto, Maria Carmelita Yazbek e Vicente de Paula Faleiros.

Num segundo momento, analisamos a tese sobre a existência de uma "nova questão social", defendida, sob vieses distintos, por Robert Castel e Pierre Rosanvallon. Ao fim, abordamos a importância do conhecimento da realidade local para demonstrar que o desenvolvimento do capitalismo brasileiro ocorreu de forma bastante desigual entre as regiões do país. Citamos alguns índices do Instituto Brasileiro de Geografia e Estatística/Pesquisa Nacional de Amostra por Domicílo (IBGE/PNAD) de 2015 que mostram uma realidade bastante heterogênea no tangente à inserção dos brasileiros no mundo do trabalho. Esses dados também revelam desigualdades regionais que sinalizam a existência de investimento estatal desigual nos segmentos prioritários da Política Nacional de Assistência Social.

4.1 Os principais teóricos do Serviço Social brasileiro

O debate contemporâneo sobre a "questão social" na ótica do Serviço Social brasileiro se apresenta com algumas convergências, sobretudo no que se refere ao acirramento da "questão social" no estágio de capitalismo monopolista. Existe também um pensamento hegemônico sobre a importância da "questão social" para a profissão, entendendo-a como seu eixo fundante. Entretanto, demonstraremos que nem todos os estudiosos pensam da mesma forma.

Nesse sentido, selecionamos alguns pesquisadores que se dedicam a investigar a "questão social" e o Serviço Social brasileiro a fim de demonstrar, ainda que sinteticamente, suas posições teóricas, e iluminar sua compreensão, leitor, sobre essa importante matéria, considerada por muitos o eixo fundante da profissão. Antes, porém, salientamos que a "questão social" não é e jamais poderia configurar atividade privativa do assistente social. Afinal, como já visto, é um conceito multifacetado, que permite inúmeras interpretações e formas de intervenção. Lembremos que outras áreas de conhecimento atuam, às vezes de forma interdisciplinar, com a "questão social". Assim, o que representa um diferencial para o Serviço Social é o **sentido** da "questão social" para as dimensões investigativa e interventiva da profissão, a concepção crítica com a qual ela é interpretada e seu desdobramento em expressões da "questão social", utilizando mediações teórico-metodológicas para tal fim. Podemos considerar, ainda, que a perspectiva crítico-dialética pela qual o Serviço Social interpreta e analisa os fundamentos da temática em foco é uma característica bastante singular da profissão, levando em consideração o alcance analítico refinado sobre uma matéria que historicamente foi interpretada e analisada de forma conservadora ou entendida como "problemas sociais".

Mesmo no interior da categoria profissional, as definições sobre a "questão social" são polêmicas, tendo em vista certos grupos de profissionais que entendem que as políticas sociais, por exemplo, deveriam configurar a matéria-prima do Serviço Social. As referidas polêmicas ficaram explícitas por ocasião das discussões desencadeadas no processo de construção do projeto ético-político da profissão – expresso na Lei n. 8.662, de 7 de junho de 1993 (Brasil, 1993), de regulamentação do Serviço Social, no Código de Ética profissional e nas Diretrizes Curriculares para os Cursos de Serviço Social (estabelecidas pela Resolução CNE/

CES n. 15, de 13 de março de 2002 (Brasil, 2002) –, iniciadas na década de 1980. Com relação ao fato de a "questão social" ser considerada o eixo fundante da profissão (ou sua matéria-prima), a explicação de Marilda Iamamoto, em entrevista cedida para Martins (2009), deixa clara a opção, por parte da maioria dos assistentes sociais participantes dos debates naquele período, pela visão ontológica pautada pela teoria marxista. Segundo ela:

> Essa foi uma grande polêmica. Uma grande polêmica com posições muito claras e inteligentes. Existiam aqueles que tinham a política social como centro fundante da formação profissional [...]. Existiam aqueles que sustentavam que [...] era a questão social. Isto não é polêmica menor. Absolutamente não é menor. [...] porque significa uma forma de explicação da sociedade, ou seja, aqueles que sustentavam que a política social deveria ser a mediação fundamental do eixo estruturante do currículo foram contestados. [...] a concepção hegemônica [era] favorável à questão social. Por quê? Porque existe uma determinação ontológica da sociedade burguesa, se você quiser sociedade civil burguesa mercantil. [...] No sistema de Marx sobre o Estado, a sociedade civil explica o Estado. [...] a questão social explica a política social, mas a política social, que é uma resposta ao núcleo do Estado ao enfrentamento das desigualdades produzidas e ampliadas na sociedade capitalista, não. (Iamamoto, citado por Martins, 2009, p. 146)

Em 2016, os assistentes sociais comemoraram 80 anos da criação do Serviço Social no Brasil. O Conselho Federal de Serviço Social (CFESS) publicou uma nota alusiva ao aniversário da profissão, cuja síntese aponta para a identidade historicamente construída pelo Serviço Social. A nota afirma que o Serviço Social é

> Uma profissão que foi capaz de se reinventar e se reconceituar, buscando romper com o conservadorismo do seu surgimento e com o tecnicismo de seu desenvolvimento.
>
> Uma profissão que reconstruiu seus referenciais teóricos e metodológicos, analisando a sociedade capitalista, a desigualdade e a violação de direitos dela decorrentes.
>
> Uma profissão que, impulsionada pelo movimento de redemocratização do país, reescreveu seu Código de Ética, adotando valores que

foram se aperfeiçoando e se tornaram princípios que, hoje, almejam alcançar, no horizonte, um projeto societário sem exploração e dominação de classe. (CFESS, 2016)

É oportuno lembrar que, a partir da década de 1980, a profissão passou por um processo de renovação em seus pressupostos teórico-metodológicos, técnico-operativos e ético-políticos[1]. Assim, os elementos históricos do Serviço Social são base indispensável para a compreensão de sua estruturação técnico-científica e ético-política, entendendo-se que

> O Serviço Social é uma profissão – uma especialização do trabalho coletivo, no marco da divisão sociotécnica do trabalho – regulamentada no Brasil pela Lei 8662, de 17/06/93; enquanto profissão, não dispõe de uma teoria própria, nem é uma ciência; isto não impede, entretanto, que seus profissionais realizem pesquisas, investigações etc. e produzam conhecimentos de natureza teórica, inseridos no âmbito das ciências sociais e humanas [...] o notável é que a profissão assinala a incorporação de matrizes teóricas e metodológicas compatíveis com a ruptura com o conservadorismo político: data de então a aberta utilização de vertentes críticas (com destaque para as inspiradas na tradição marxista). (Paulo Netto, 1999, p. 102)

Na contemporaneidade, uma das discussões mais importantes para o Serviço Social é sobre a **indissociabilidade entre as dimensões basilares da profissão**. Falamos aqui das dimensões teórico-metodológica, técnico-operativa e ético-política.

----

1 Vale esclarecer que o processo de renovação do Serviço Social brasileiro é muito mais complexo do que é possível analisar neste livro. Recomendamos leituras complementares para o aprofundamento dos fundamentos contemporâneos do Serviço Social, sendo de extrema importância a compreensão do processo de construção do projeto ético-político da profissão (Lei n. 8.662/1993; Código de Ética Profissional, instituído em 1993; e Diretrizes Curriculares de 1996, homologadas em agosto de 2001 e regulamentadas em 2002). O conhecimento desse projeto é importantíssimo para a análise do processo de amadurecimento da profissão desencadeado pelo Movimento de Reconceituação das décadas de 1960 e 1970, apresentando maior vigor durante as décadas de 1980 e 1990, com o início do processo de intenção de ruptura, analisado em profundidade por José Paulo Netto (2004).

Guerra (2013) explica a complexidade de dimensões que compõem o Serviço Social contemporâneo. Segundo ela,

> pela forma de inserção socioprofissional na divisão social e técnica do trabalho, o espaço reservado ao Serviço Social, como um ramo de especialização do trabalho coletivo, é o de dar respostas, buscar prontamente soluções à pluralidade de questões que lhes são colocadas, para o que necessita de fundamentos teórico-metodológicos, conhecimentos e saberes interventivos, habilidades técnico-profissionais, procedimentos teórico-metodológicos e de uma perspectiva ética com clara orientação estratégica. É a sua inserção na divisão social e técnica do trabalho da sociedade capitalista, sua localização na estrutura sócio-ocupacional e a sua funcionalidade na sociedade burguesa, construída no espaço de mediação entre classes e Estado, que atribui à intervenção um caráter político. (Guerra, 2013, p. 47)

Essas dimensões exigem um conhecimento ampliado sobre os fundamentos da "questão social" contemporânea, explicitados transversalmente no projeto ético-político da profissão.

No que se refere ao Código de Ética, Paulo Netto (1999) explica que, até os anos 1980, o debate sobre a ética profissional não tinha muita ênfase no interior do Serviço Social. Foi na revisão dos códigos anteriores (1947, 1965 e 1975) que se elaborou o novo código, de 1986. Esse documento foi revisado e consolidado em 1993, quando incorporou a construção de um projeto ético-político para o Serviço Social brasileiro. Para o autor:

> Nesta revisão, que deu forma ao Código hoje em vigor, as unilateralidades de 1986 foram corrigidas e, de fato, o novo texto incorporou tanto o acúmulo teórico realizado nos últimos vinte anos pela categoria, quanto os novos elementos trazidos ao debate ético pela urgência da própria revisão. O Código de 1993, neste sentido, coroa o processo de construção do projeto ético-político. (Paulo Netto, 1999, p. 104)

Sobre as Diretrizes Curriculares, Paulo Netto (1999) explica que o debate sobre a formação profissional ganhou peso a partir da década de 1980, procurando adequá-la "em nível de graduação, às novas condições postas pelo enfrentamento, em um marco democrático, da questão social potenciada pela ditadura" (Paulo

Netto, 1999, p. 102). As Diretrizes Curriculares foram reformuladas em 1996, homologadas em 2001 e regulamentadas pelo Conselho Nacional de Educação (CNE) por meio de Resoluções específicas em 2002, depois de ampla discussão do conjunto da categoria profissional.

Portanto, o projeto ético-político da profissão, ainda que bastante polêmico, foi construído pelo conjunto da categoria profissional e envolve "uma imagem ideal da profissão, os valores que a legitimam, sua função social e seus objetivos, conhecimentos teóricos, saberes interventivos, normas, práticas etc." (Paulo Netto, 1999, p. 98). Martins (2009, p. 196) acrescenta que:

> a construção do novo Código de Ética de 1993, foi um processo imbricado com a dos demais componentes do projeto ético-político, quais sejam: a Lei de Regulamentação da Profissão e as novas Diretrizes Curriculares aprovadas em 1996. A Lei de Regulamentação da Profissão iniciou seu processo de tramitação na Câmara e no Senado na década de 1980 e foi sancionada em 1993. Nessa época, as entidades eram dirigidas pelo segmento da esquerda da categoria. O projeto ético-político, expressa-se por esses três pilares, teve como participantes em seu processo segmentos conservadores e progressistas, tendo a hegemonia na direção social e política o segmento dos assistentes sociais que compõe a intenção de ruptura.

Sendo uma profissão que articula dialeticamente processos de investigação e intervenção social, o Serviço Social tem um projeto ético-político que orienta um conjunto de princípios e normativas ideopolíticas que devem nortear a atuação profissional. É relevante que os princípios fundamentais desse projeto ético-político expressem, contundentemente, uma crítica às variadas formas de exploração vigente na organização social, política, econômica e cultural capitalista: a defesa intransigente da democracia, dos direitos humanos, da cidadania, da equidade e da justiça sociais, do pluralismo, da qualidade dos serviços prestados à população e o apoio à construção de uma nova ordem societária.

Entretanto, a profissão não está isenta de contradições, pois o profissional enfrenta os interesses do Estado de capitalismo monopolista articulado aos interesses da classe capitalista organizada. Além disso, tem de lidar com a luta de classes materializada nos conflitos de interesses entre as instituições públicas ou privadas e os interesses e as necessidades da classe trabalhadora. Conforme Guerra (2013, p. 47, grifo nosso),

> na realização de suas atribuições socioprofissionais, o profissional intervém através das políticas e/ou serviços sociais, na criação de condições favorecedoras da reprodução da força de trabalho ocupada e excedente, a partir das formas de regulação social capitaneadas pelo Estado burguês, cuja natureza contraditória é permeável aos interesses da classe e/ou segmentos da classe trabalhadora.

As atuais Diretrizes Curriculares para o Curso de Serviço Social foram construídas coletivamente ao longo dos anos 1980 e 1990 e o processo foi coordenado pela Associação Brasileira de Ensino em Serviço Social (Abess), depois denominada Associação Brasileira de Ensino e Pesquisa em Serviço Social (Abepss). O objetivo principal da revisão curricular foi "estabelecer uma base comum, no plano nacional, para os cursos de graduação em Serviço Social" (Cress-RJ, 2002, p. 368).

No tocante à "questão social", já no início do documento, quando indica o perfil do bacharel em Serviço Social, as Diretrizes Curriculares afirmam que o assistente social é um "profissional que atua nas expressões da questão social, formulando e implementando propostas para seu enfrentamento, por meio de políticas sociais públicas, empresariais, de organizações da sociedade civil e movimentos sociais" (Cress-RJ, 2002, p. 348). Logo após, ao abordar as competências e habilidades, volta a mencionar a importância de o assistente social desenvolver, em sua formação profissional, a habilidade de identificar as "demandas presentes na sociedade, visando formular respostas profissionais para o enfrentamento da questão social, considerando as novas articulações entre o público e o privado" (Cress-RJ, 2002, p. 349).

A nova lógica curricular presente nas Diretrizes Curriculares "agrega um conjunto de conhecimentos indissociáveis para apreensão da gênese, manifestações e enfrentamento da questão social, eixo fundante da profissão e articulador dos conteúdos da formação profissional" (Cress-RJ, 2002, p. 253). Em vários momentos, as Diretrizes Curriculares deixam clara a necessidade de o assistente social articular as renovadas expressões da "questão social" – consequências do desenvolvimento capitalista e da Reforma do Estado vigente desde a década de 1990 – às mudanças no mundo do trabalho com a reestruturação produtiva do capital, em andamento desde a década de 1990, e às demandas postas para a categoria profissional no âmbito da questão social brasileira. Tanto é que, ao abordar os **pressupostos norteadores da concepção de formação profissional para a revisão curricular**, as Diretrizes Gerais para o Curso de Serviço Social estabelecem que:

> 1 – O Serviço Social se particulariza nas relações sociais de produção e reprodução da vida social como uma profissão interventiva no âmbito da questão social, expressa pelas contradições do desenvolvimento do capitalismo monopolista.
>
> 2 – A relação do Serviço Social com a questão social – fundamento básico de sua existência – é mediatizada por um conjunto de processos sócio-históricos e teórico-metodológicos constitutivos de seu processo de trabalho.
>
> 3 – O agravamento da questão social em face das particularidades do processo de reestruturação produtiva no Brasil, nos marcos da ideologia neoliberal, determina uma inflexão no campo profissional do Serviço Social. Esta inflexão é resultante de novas requisições postas pelo reordenamento do capital e do trabalho, pela Reforma do Estado e pelo movimento de organização das classes trabalhadoras, com amplas repercussões no mercado profissional de trabalho.
>
> 4 – O processo de trabalho do Serviço Social é determinado pelas configurações estruturais e conjunturais da questão social e pelas formas históricas de seu enfrentamento, permeadas pela ação dos trabalhadores, do capital e do Estado, através das políticas e lutas sociais. (Cress-RJ, 2002, p. 367-368)

Diante das definições da Abepss mencionadas, apresentaremos a seguir o debate entre os principais estudiosos da "questão social" para o Serviço Social brasileiro. Elegemos estudiosos que são referências nacionais e internacionais para a profissão: o Professor Dr. José Paulo Netto, a Professora Dra. Marilda Villela Iamamoto, a Professora Dra. Maria Carmelita Yazbek e o Professor Dr. Vicente de Paula Faleiros. Elencamos esses pesquisadores em virtude de sua importância para o Serviço Social, sendo os três primeiros estudiosos da "questão social". Você perceberá que o Professor Faleiros se distingue dos demais por não conceber a "questão social" como a matéria-prima ou o eixo fundante da profissão em foco.

4.1.1 José Paulo Netto

José Paulo Netto é um grande estudioso do Serviço Social e da "questão social" internacional e brasileira. Ele é professor titular da Escola de Serviço Social da Universidade Federal do Rio de Janeiro (UFRJ) e professor emérito da Universidade Federal do Rio de Janeiro (UFRJ).

Já no início do livro *Capitalismo monopolista e Serviço Social*, o professor indica que "está solidamente estabelecida, na bibliografia que de alguma forma estuda o surgimento do Serviço Social como profissão – vale dizer, como prática institucionalizada, socialmente legitimada e legalmente sancionada –, a sua vinculação com a chamada 'questão social'" (Paulo Netto, 2005, p. 17). Contudo, ele deixa claro que esse vínculo somente pode ser compreendido quando analisado no contexto de capitalismo monopolista e, por isso, toda a sua análise sobre o Serviço Social e a "questão social" é inserida na organização monopólica do capital. Nesse sentido, ele adverte que "as conexões genéticas do Serviço Social profissional não se entretecem com a 'questão social', mas com suas peculiaridades no âmbito da sociedade burguesa fundada na organização monopólica" (Paulo Netto, 2005, p. 18).

O autor analisa a "questão social" desde a gênese, considerada por ele um fenômeno emergente por volta de 1830, período da Revolução Industrial, diante do intenso processo de pauperismo que atingia a classe operária europeia. Ele afirma que

> a expressão surge para dar conta do fenômeno mais evidente da história da Europa Ocidental que experimentava os impactos da primeira onda industrializante, iniciada na Inglaterra no último quartel do século XVIII: trata-se do fenômeno do pauperismo. Com efeito, a pauperização (neste caso, **absoluta**) massiva da população trabalhadora constitui o aspecto mais imediato da instauração do capitalismo em seu estágio industrial-concorrencial. (Paulo Netto, 2005, p. 153, grifo do original)

O autor entende que a exploração do trabalho pelo capital e a lei geral da acumulação capitalista representam o recurso teórico básico para compreendermos a "questão social" na perspectiva crítica, uma vez que o termo não pode ser entendido e analisado sem levarmos em conta os estágios de desenvolvimento do capitalismo. Nesse sentido, a exploração capitalista deve ser o ponto de partida para a compreensão da "questão social", porém não devem ser reduzidas suas expressões mais imediatas, por exemplo, a desigualdade social, a fome, a violência, o desemprego, entre outras, percebidas com bastante frequência na prática profissional do assistente social.

Segundo o autor, para analisar a "questão social", é necessário conhecer o desenvolvimento das relações sociais de produção capitalista. Ele articula o Estado no capitalismo dos monopólios e a "questão social" para explicar que, desde o período do imperialismo clássico (1890-1940), o capitalismo deixou de ser predominantemente concorrencial para assumir um estágio ainda mais avançado no que diz respeito à exploração, denominado *capitalismo monopolista*. De acordo com ele,

> a idade do monopólio altera significativamente a dinâmica inteira da sociedade burguesa: ao mesmo tempo em que potencia as contradições fundamentais do capitalismo já explicitadas no estágio concorrencial e as combina com novas contradições e antagonismos, deflagra complexos processos que jogam no sentido de contrarrestar

a ponderação dos vetores negativos e críticos que detona. (Paulo Netto, 2005, p. 20)

Assim, o Estado, que, no período de capitalismo concorrencial, atuava como um "cioso guardião das condições externas da produção capitalista", passa, então,

> a incidir na organização e na dinâmica econômicas **desde dentro** e de forma contínua e sistemática. Mais exatamente, no capitalismo monopolista, as funções **políticas** do Estado imbricam-se organicamente com as suas funções **econômicas**.
> [...] o Estado atua como um instrumento de organização da economia, operando notadamente como um administrador dos ciclos de crise.
> [...] o Estado funcional ao capitalismo monopolista é [...] o "comitê executivo" da burguesia monopolista – opera para propiciar o conjunto de condições necessárias à acumulação e à valorização do capital monopolista. (Paulo Netto, 2005, p. 25-26, grifo do original)

Contudo, existe ainda outro elemento sobre o Estado de capitalismo monopolista que é importante para a compreensão da "questão social". Trata-se do fato de que, no período concorrencial, a intervenção do Estado ocorria predominantemente para reprimir as lutas operárias para salvaguardar a propriedade privada e a acumulação capitalista. Já no capitalismo monopolista, o Estado passa a intervir na "**preservação e no controle contínuos** da força de trabalho, ocupada e excedente" (Paulo Netto, 2005, p. 26, grifo do original). Isso porque o Estado, para assegurar a valorização do capital e a consequente ampliação das taxas de lucro dos capitalistas, incorpora a função de reprodução da força de trabalho. Para efetivar esse projeto, utiliza políticas sociais (sobretudo a previdência social) com o intuito de garantir o consumo médio dos trabalhadores e de ampliar sua produtividade para obter maiores taxas de lucro para o capital monopolista.

Por outro lado, não se pode esquecer que, em paralelo à emergência do capitalismo monopolista, ocorreram grandes avanços na organização da classe trabalhadora. Foi nesse mesmo período sócio-histórico (processo de desenvolvimento do capitalismo monopolista) que surgiram os partidos operários de massas e o fortalecimento das reivindicações políticas dos sindicatos de trabalhadores. Nesse sentido,

> é o protagonismo proletário que, na configuração da idade do monopólio, põe a resolução da "questão social" como variável das lutas direcionadas à ultrapassagem da sociedade burguesa. Mas não se trata, somente, da **politização** da "questão social", num andamento antípoda a qualquer visão conservadora ou reacionária: trata-se de visualizar a sua solução como **processo revolucionário**. Isto é: a "questão social" é colocada no seu terreno específico, o do **antagonismo** entre o capital e o trabalho, nos confrontos entre seus representantes [...]. (Paulo Netto, 2005, p. 59, grifo do original)

Nesse cenário, aqui extremamente sintetizado, o Estado, mesmo de forma conservadora e reformista, passou a intervir na "questão social". Paulo Netto (2005, p. 29-30, grifo do original) continua sua análise, explicando que, nos conflitos gerados pela ordem monopólica,

> as sequelas da "questão social" tornam-se – podem tornar-se – objeto de uma intervenção contínua e sistemática por parte do Estado. É só a partir da concretização das possibilidades econômico-sociais e políticas segregadas na ordem monopólica (concretização variável do jogo de forças políticas) que a questão social se põe como alvo das **políticas sociais**.
>
> [...] Através da política social, o Estado burguês no capitalismo monopolista procura administrar as expressões da questão social de forma a atender às demandas da ordem monopólica [...].

O autor analisa, ainda, a necessidade de o Estado de capitalismo monopolista fragmentar e parcializar a "questão social", com o objetivo de diluir o sentido real das expressões resultantes da exploração capital/trabalho. Ele declara que "as sequelas da questão social são recortadas como problemáticas **particulares** (o desemprego, a fome, a carência habitacional, o acidente de trabalho, a falta de escolas, a incapacidade física etc.) e assim enfrentadas" (Paulo Netto, 2005, p. 32, grifo do original). Isso também incide no fato de a "questão social" ser deslocada da área política para ser concebida como natural, como um conjunto de disfuncionalidades, problemas sociais (descolados da relação entre capital e trabalho), desvios psicologizantes, que são enfrentados muitas vezes com discursos e procedimentos conservadores e moralizantes.

Diante de tudo isso, o Estado cria o espaço para a institucionalização do Serviço Social como profissão. A partir do assalariamento, da localização na divisão sociotécnica do trabalho como agente de reprodução das relações sociais, o profissional do Serviço Social emerge na era dos monopólios e "tem sua base nas modalidades através das quais o Estado burguês se enfrenta com a 'questão social', tipificadas nas políticas sociais", assim "é investido como um dos agentes executores das políticas sociais" (Paulo Netto, 2005, p. 74).

4.1.2 Marilda Villela Iamamoto

Marilda Iamamoto é professora titular (aposentada) da Escola de Serviço Social da Universidade Federal do Rio de Janeiro (UFRJ) e, atualmente, é professora da Faculdade de Serviço Social da Universidade do Rio de Janeiro (UERJ).

Ao analisar o Serviço Social e a "questão social" brasileira, Iamamoto, em seu clássico livro escrito em parceria com Raul de Carvalho, intitulado *Relações sociais e Serviço Social no Brasil*, analisa o Serviço Social no processo de reprodução das relações sociais desvelando o "significado da profissão na sociedade capitalista, situando-a como um dos elementos que participa da reprodução de classes e do relacionamento contraditório entre elas" (Iamamoto; Carvalho, 1985, p. 71).

A autora entende que o Serviço Social é uma profissão historicamente determinada e é um tipo de especialização do trabalho coletivo na divisão sociotécnica do trabalho. Isso significa que a profissão tem sua gênese no período em que o Estado de capitalismo monopolista necessita desse profissional, inserindo-o oficialmente na divisão social e técnica do trabalho, ou seja, delimitando oficialmente sua localização hierárquica e suas funções perante o Estado.

A pesquisadora traz à luz várias categorias de análise sobre as relações sociais de produção capitalista, todas pautadas em *O capital*, de Marx (1984), sobretudo na lei geral da acumulação capitalista, tais como: a exploração da força de trabalho, a mais-valia, a dinâmica do capital, a produção de mercadorias, o processo de trabalho, os meios de produção e a propriedade privada dos meios de produção. Com base nessas categorias, a autora define que

> a questão social não é senão as expressões do processo de formação e desenvolvimento da classe operária e de seu ingresso no cenário político da sociedade, exigindo seu reconhecimento como classe por parte do empresariado e do Estado. É a manifestação, no cotidiano da vida social, da contradição entre o proletariado e a burguesia, a qual passa a exigir outros tipos de intervenção, mais além da caridade e da repressão. (Iamamoto; Carvalho, 1985, p. 77)

As análises de Iamamoto e Carvalho (1985) sobre a "questão social" brasileira tornaram-se referência para os estudos posteriores sobre a matéria no âmbito do Serviço Social nacional. A estudiosa vincula o aparecimento da "questão social" em nosso país com a emergência da classe trabalhadora livre da escravidão, ou seja, a Abolição da Escravatura e ao início da Primeira República. Em seus estudos, ela afirma que a "questão social" é a matéria-prima do Serviço Social[2].

Em artigo publicado posteriormente, Iamamoto (2001a) corrobora com José Paulo Netto e defende que a "questão social" deve ser compreendida à luz da exploração capitalista e da luta de classes. Nesse sentido, deve-se partir do pressuposto de que ela é

---

2 Segundo Iamamoto (2001b, p. 27), "o Serviço Social tem na questão social a base de sua fundação como especialização do trabalho. Questão social apreendida como o conjunto das expressões das desigualdades da sociedade capitalista madura, que tem uma raiz comum: a produção social é cada vez mais coletiva, o trabalho torna-se mais amplamente social, enquanto a apropriação de seus frutos mantém-se privada, monopolizada por uma parte da sociedade".

"indissociável das configurações assumidas pelo trabalho e encontra-se necessariamente situada em uma arena de disputas entre projetos societários, informados por distintos interesses de classe, acerca de concepções e propostas para a condução das políticas econômicas e sociais" (Iamamoto, 2001a, p. 10).

A professora explica que a "questão social" é imanente às relações sociais capitalistas. Na contemporaneidade, ocorre a ampliação progressiva da desigualdade social como consequência mais imediata da exploração capitalista e da concentração de renda e propriedade. Como explicamos, a autora considera o trabalho componente fundamental da "questão social", relação que conta com duas particularidades.

A primeira particularidade, de acordo com Iamamoto (2001a), refere-se ao fato de que, no capitalismo, tudo se transforma em mercadoria. A análise da professora indica que

> o próprio trabalhador aparece como um mero vendedor de mercadorias: trabalhador "livre" que vende sua força de trabalho – ou uma medida determinada de seu tempo de vida – e seu trabalho assume a determinação social de trabalho assalariado, com caráter geral. Assim, os agentes principais dessa sociedade – o capitalista e o trabalhador assalariado – aparecem como personificações do capital e do trabalho. (Iamamoto, 2001a, p. 13)

Observe que, nesse caso, a autora analisa o **fetichismo da mercadoria** e a **subversão do sentido do trabalho** nas relações sociais capitalistas.

A segunda particularidade diz respeito ao fato de que a "mais-valia é a finalidade direta e o móvel determinante da produção" (Iamamoto, 2001a, p. 13). A autora analisa, então, a **exploração do trabalho pelo capital** por meio do "conjunto dos meios de produção convertido em capital, isto é, monopolizados por uma determinada parte da sociedade" (Iamamoto, 2001a, p. 13).

Devemos atentar também para o fato de que Iamamoto (2001a) incorpora os fundamentos da lei geral da acumulação capitalista para explicar que a reprodução ampliada do capital condena amplos contingentes de trabalhadores a uma "ociosidade socialmente forçada" (Iamamoto, 2001a, p. 14), ou seja, potencializa a **superpopulação relativa** e o **exército industrial de reserva** indicado por Marx. Em suas palavras, "parcela da população trabalhadora sempre cresce mais rapidamente do que a necessidade de seu emprego para os fins de valorização do capital" (Iamamoto, 2001a, p. 15).

Você, leitor, já deve ter observado que, em termos conceituais, Iamamoto (2001a, p. 16-17) segue a mesma linha de pensamento de Paulo Netto quando analisa a "questão social" sempre vinculada ao posicionamento do Estado de capitalismo monopolista.

> A "questão social" diz respeito ao conjunto das expressões das desigualdades sociais engendradas na sociedade capitalista madura, impensáveis sem a intermediação do Estado. Tem sua gênese no caráter coletivo da produção, contraposto à apropriação privada da própria atividade humana – o trabalho – das condições necessárias a sua realização, assim, como de seus frutos.

Além disso, a autora afirma que, na contemporaneidade, o processo de mundialização e financeirização do capital levaram ao aprofundamento da "questão social", cujo enfrentamento deve contar com a primazia do Estado na condução de políticas sociais de caráter universalizante, como preconizado na Constituição de 1988. Contudo, a perspectiva neoliberal vem promovendo

> Uma **progressiva mercantilização do atendimento das necessidades sociais** [...] com a privatização das políticas sociais. Nesse processo os serviços sociais deixam de expressar direitos sociais, metamorfoseando-se em atividade de **outra natureza**, inscrita no circuito de compra e venda de mercadorias, em detrimento dos direitos sociais de cidadania, que em sua necessária dimensão de universalidade, requer a ingerência do Estado. (Iamamoto, 2001a, p. 26, grifo do original)

As brilhantes assertivas da autora sobre a "questão social" deixam claras sua posição ideopolítica e sua profunda compreensão sobre a "questão social" contemporânea.

> A questão social é indissociável da sociabilidade capitalista e, particularmente, das configurações assumidas pelo trabalho e pelo

Estado na expansão monopolista do capital. A gênese da questão social na sociedade burguesa deriva do caráter produtivo da produção contraposto à apropriação privada da própria atividade humana – o trabalho –, das condições necessárias a sua realização, assim como de seus frutos. É inseparável do "trabalhador livre", que depende de sua força de trabalho como meio de satisfação de suas necessidades vitais. Assim, a **questão social** condensa o conjunto das desigualdades sociais e lutas sociais, produzidas e reproduzidas no movimento contraditório das relações sociais, alcançando plenitude de suas matizes [sic] em tempo de capital fetiche. As configurações assumidas pela **questão social** integram tanto determinantes históricos objetivos que condicionam a vida dos indivíduos sociais, quanto dimensões subjetivas, fruto da ação dos sujeitos na construção da história. Ela expressa, portanto, uma arena de **lutas políticas e culturais na disputa de projetos societários**, informados por distintos interesses de classe na condução das políticas econômicas e sociais, que trazem o selo das particularidades históricas nacionais. (Iamamoto, 2007b, p. 156, grifo do original)

4.1.3 Maria Carmelita Yazbek

A professora de Pós-Graduação em Serviço Social da Pontifícia Universidade Católica de São Paulo (PUC-SP) Maria Carmelita Yazbek também é estudiosa da "questão social". A autora parte de um acúmulo já desenvolvido pela profissão sobre o conceito, considerando-o "elemento central na relação entre profissão e realidade" (Yazbek, 2001, p. 33). Nas palavras da professora: "ao colocar a questão social como referência para a ação profissional, estou colocando a questão da divisão da sociedade em classes, cuja apropriação da riqueza socialmente gerada é extremamente diferenciada. Estou colocando em questão, portanto, a luta pela apropriação da riqueza social" (Yazbek, 2001, p. 33). Ao analisar a contemporaneidade, Yazbek (2006) também traz à luz as relações entre o Estado, os capitalistas e a classe trabalhadora, confirmando uma posição crítico-dialética ao situar a "questão social" no centro nevrálgico da luta de classes.

No Brasil contemporâneo, a questão social se expressa nas lutas sociais dos trabalhadores urbanos e rurais pela apropriação da riqueza social. Os movimentos sociais em geral e o movimento sindical em particular polarizam essas lutas, articulando suas demandas perante o Estado e o patronato que, no enfrentamento da questão, constituem políticas no campo social. (Yazbek, 2006, p. 36)

A autora enfatiza as manifestações de pobreza, de exclusão social e de subalternidade como expressões mais imediatas da "questão social" no cotidiano da prática profissional do assistente social. Além disso, ela remete a "questão social" ao "precário sistema de proteção social público no país no contexto da crise mais global com que se defrontam as políticas públicas, particularmente as políticas sociais, na sociedade contemporânea" (Yazbek, 2001, p. 33).

Com relação à pobreza, a autora a entende em uma dupla dimensão indissociável. Por um lado,

a concepção de pobreza configura-se em geral como uma noção ambígua e estigmatizadora, cujos contornos pouco nítidos muitas vezes ocultam seus aspectos resultantes da organização social e econômica da sociedade. A noção põe em evidência aqueles que, de forma permanente ou transitória, estão privados de um mínimo de bens ou mercadorias necessárias à sua conservação e reprodução social. O que se observa, apesar da diversidade de parâmetros utilizados para a determinação empírica da pobreza, é que a exclusão do usufruto da riqueza socialmente produzida configura-se como um de seus principais elementos definidores. (Yazbek, 2006, p. 23)

Por outro lado, como a maioria dos estudiosos sobre a pobreza, Yazbek (2006) entende que esse conceito não se esgota na perspectiva econômica. Ainda que a condição econômica seja essencial, a pobreza não pode ser interpretada apenas pela carência material, uma vez que existe uma dimensão política que deve ser entendida como "carência de direitos, de possibilidades, de esperança" (Martins, 1991, p. 15, citado por Yazbek, 2006, p. 23).

Com relação à **exclusão social**, a autora a define como "uma modalidade de inserção na vida social, sobretudo para aqueles que não estão no núcleo de recriação da sociedade capitalista que é a produção. Trata-se, portanto, de uma exclusão que é engendrada pelo próprio capitalismo e que dele faz parte" (Yazbek, 2006, p. 24).

Ao conceituar a subalternidade, Yazbek (2006) se inspira em Antônio Gramsci[3]. Ela explica que a **subalternidade** é uma condição de classes sociais que convivem com elementos de dominação e com a ausência de recursos políticos para superá-la, tais como "de poder de mando, de poder de decisão, de poder de criação e de direção" (Yazbek, 2006, p. 18). A autora acrescenta que

> a subalternidade faz parte do mundo dos dominados, dos submetidos à exploração e à exclusão social, econômica e política. Supõe, como complementar, o exercício do domínio ou da direção através de relações político-sociais em que predominam os interesses de quem detém o poder econômico e de decisão política. (Yazbek, 2006, p. 18)

No que se relaciona ao Estado neoliberal, a autora demonstra sua preocupação com a revitalização contemporânea de práticas assistencialistas e clientelistas, sobretudo no âmbito da assistência social. Segundo ela:

> Nesta lógica (neoliberal), além da redução de recursos para a área social resultante dos ajustes estruturais, estamos de volta aos programas mais residuais, sem referência a direitos. As sequelas da questão social expressas na pobreza, na exclusão e na subalternidade de grande parte dos brasileiros, tornam-se alvo de ações solidárias e da filantropia revisitada [...]. Entendo que está em construção uma forma despolitizada de abordagem da questão social, da pobreza e da exclusão fora do mundo público e dos fóruns democráticos de representação e negociação dos efetivos e diferentes interesses em jogo. (Yazbek, 2001, p. 36)

A pesquisadora aponta para um "modelo" de Estado que reduz as intervenções na área social, desdobrando-se em ações privatistas

---

3 Antônio Gramsci (1891-1937) foi um filósofo, jornalista e político italiano. É reconhecido pela elaboração da teoria da hegemonia cultural, que afirma que o Estado utiliza instituições culturais para a manutenção de seu poder.

para o enfrentamento da "questão social". Em outras palavras, "são propostas reducionistas que esvaziam e descaracterizam os mecanismos institucionalizados de proteção social. São propostas fundadas numa visão de política social apenas para complementar o que não se conseguiu via mercado, família ou comunidade" (Yazbek, 2001, p. 37).

Ao analisar a existência ou não de uma "nova questão social" na contemporaneidade, Yazbek explica sua discordância numa linha de pensamento bastante próxima à de José Paulo Netto e Marilda Iamamoto, na medida em que, para ela, a questão social

> se reformula e se redefine, mas permanece substantivamente a mesma por tratar de uma questão estrutural, que não se resolve numa formação econômico social por natureza excludente. Questão que, na contraditória conjuntura atual, com seus impactos devastadores sobre o trabalho, assume novas configurações e expressões, entre as quais destacamos: 1 – as transformações das relações de trabalho; 2 – a perda dos padrões de proteção social dos trabalhadores e dos setores mais vulnerabilizados da sociedade que veem seus apoios, suas conquistas e direitos ameaçados. (Yazbek, 2001, p. 33-34)

Por fim, ao analisar o **capitalismo financeirizado**, a autora reafirma seu repúdio à ampliação da exploração do trabalho pelo capital em tempos de neoliberalismo, o que atinge visceralmente a "questão social". Segundo suas análises,

> os impactos destrutivos das transformações em andamento no capitalismo contemporâneo vão deixando suas marcas sobre a população empobrecida: o aviltamento do trabalho, o desemprego, os empregados de modo precário e intermitente, os que se tornaram não empregáveis e supérfluos, a debilidade da saúde, o desconforto da moradia precária e insalubre, a alimentação insuficiente, a fome, a fadiga, a gnorância, a resignação, a revolta, a tensão e o medo são sinais que muitas vezes anunciam os limites da condição de vida dos excluídos e subalternizados na sociedade. Sinais que expressam também o quanto a sociedade pode tolerar a pobreza e banalizá-la e, sobretudo, a profunda incompatibilidade entre os ajustes estruturais da economia a ordem capitalista internacional e os investimentos sociais do Estado brasileiro [...]. Assim sendo, o incipiente sistema de proteção social brasileiro, e particularmente a seguridade social que

afiança direitos a partir da Constituição de 1988, vai sendo duramente afetado pelo corte de gastos e os impactos das mudanças em andamento nessa esfera. (Yazbek, 2001, p. 35-38)

4.1.4 Vicente de Paula Faleiros

Vicente de Paula Faleiros é professor emérito e titular da Universidade de Brasília (UnB). É um estudioso histórico do desenvolvimento do Serviço Social no Brasil e na América Latina.
No debate sobre a "questão social", Faleiros (1999) discorda da ideia de que esta é o eixo de investigação ou intervenção do Serviço Social. O pesquisador não considera que as expressões da "questão social" sejam uma particularidade da profissão, tampouco que configurem o objeto da prática profissional. Para ele, "o objeto de intervenção do Serviço Social se constrói na relação sujeito/estrutura e na relação usuário/instituição, em que emerge o processo de fortalecimento do usuário diante da fragilização de seus vínculos, capitais ou patrimônios individuais e coletivos" (Faleiros, 1999, p. 44).
O estudioso entende que o termo *questão social* tem sido utilizado de forma muito genérica e que, ao representar as contradições do capitalismo, não poderia, então, colocá-lo "como objeto particular de *uma* profissão determinada, já que se refere a relações impossíveis de serem tratadas profissionalmente, através de estratégias institucionais/relacionais próprias do desenvolvimento das práticas do Serviço Social" (Faleiros, 1999, p. 37). Em outras palavras, ele considera que o objeto profissional não pode ser tão heterogêneo como o termo *questão social*, que engloba inúmeros significados, de acordo com a vertente teórica que seja utilizada para interpretá-lo. Para o autor, "Do ponto de vista epistemológico, a questão social precisa ser vista à luz de diferentes paradigmas, na discussão de seus dimensionamentos que entendemos estar vinculados às relações sociais" (Faleiros, 1999, p. 40).

Assim, em vez de trabalhar com o conceito de *questão social*, sua explicação teórica incorpora o **paradigma da correlação de forças** (Faleiros, 1999). Em seu entendimento, o conceito de *empowerment* (empoderamento) seria algo mais próximo ao objeto do Serviço Social. Isso porque

> a construção do objeto profissional é um processo teórico, histórico, mas também político, ou seja, imbricado e implicado tanto nas relações sociais mais gerais como nas relações particulares e específicas do campo das políticas e serviços sociais e das relações interprofissionais. Hoje o campo da intervenção social está permeado por diferentes atores, entre os quais educadores sociais, promotores sociais, agentes comunitários, psicólogos comunitários, psicossociólogos, terapeutas, criminólogos, disputando o espaço profissional e institucional. (Faleiros, 1999, p. 40)

Dessa forma, por *paradigma da correlação de forças*, devemos entender a "intervenção profissional como confrontação de interesses, recursos, energias, conhecimento, inscrita no processo de hegemonia/contra-hegemonia, de dominação/resistência, de conflito/consenso, que grupos sociais desenvolvem a partir de seus projetos societários básicos fundados nas relações de exploração e poder" (Faleiros, 1999, p. 44).

Como explicitamos anteriormente, o autor interpreta que o objeto do Serviço Social é pertinente à **estrutura** – a qual pode ser capitalista, do Estado ou das instituições. Sua definição de *estrutura* indica

> um processo de relações fundamentais que são os pressupostos básicos, as condições de possibilidade de uma formação social determinada, ou seja, seu modo de produção de bens, da vida, dos homens, do imaginário social. Essas relações, apesar de **instituídas**, são conflituosas, pois implicam luta de interesses econômicos, poder, raça, etnias, gênero, disciplinas, ideologia e, por isso mesmo sujeitas a contra-hegemonia, resistência, indisciplina, questionamento, abrindo espaço, assim, para a mudança em relações **instituintes** de um novo modo de produzir a vida, os bens e os seres humanos. (Faleiros, 1999, p. 46, grifo do original)

Observe que, ao articular a correlação de forças, o empoderamento e as estruturas como elementos inscritos no objeto do Serviço Social, o autor privilegia as **relações políticas** na prática profissional dos assistentes sociais. Contudo, em alguns aspectos, ele concorda com os demais autores. Quanto à perspectiva crítico-dialética, por exemplo, sua concepção de *classe* e de *divisão social do trabalho* é convergente com o pensamento hegemônico do Serviço Social. Nesse caso, ele afirma que

> no capitalismo, as relações de trabalho/assalariamento, condicionam de forma mais ou menos determinante, a inserção dos sujeitos no processo de educação, nos serviços de saúde, nos tipos de habitação, de vestir, de alimentar e de ver o mundo, ou seja, com menores rendimentos menores são as chances de vida. Esses condicionamentos são permeados por lutas que fazem avançar ou recuar seus limites e possibilidades, na medida da correlação de forças em seu enfrentamento, com o consequente fortalecimento ou fragilização dos sujeitos em suas trajetórias, com diferentes dimensões. Um fortalecimento ideológico, por exemplo, pode não se acompanhar em ganhos econômicos ou políticos implicando diferentes mediações. (Faleiros, 1999, p. 47)

Por *mediações*, o autor entende as duas dimensões também analisadas por Reinaldo Pontes (2007): a dimensão ontológica e a dimensão epistemológica. O professor explica que

> o pensamento só recupera a realidade à medida que traduzir o aprofundamento das múltiplas determinações contraditórias de um todo complexo e em constante tensão. As relações sociais são mediadas por determinações concretas e reais e que as constituem, como a relação entre senhor/escravo, patrão/operário, pai/filho, profissional/usuário, e podem ser expressas pela escravidão, pela exploração, pelo domínio paterno, pela tutela. É através do pensamento que vamos entender e aprofundar as relações de escravidão, de exploração, de domínio paterno e de tutela num contexto determinado. (Faleiros, 1999, p. 48)

Com relação às políticas sociais, Faleiros (1999) também as interpreta como uma mediação fundamental para a prática do assistente social. Contudo, de acordo com seu posicionamento, o acesso às políticas apresenta, pelo menos, três problemas. O primeiro se refere à garantia do acesso; o segundo, à dependência da tutela; e o terceiro, à inadequação na pluralidade de situações. O teórico assevera que

> A garantia de acesso às políticas básicas depende de condições mínimas de informação, apresentação pessoal, transporte, capacidade de falar, de requerer, entender o itinerário institucional, obter documentos, elaborar recursos das decisões. Assim, o fortalecimento do usuário ao acesso implica o trabalho social nas mediações da informação correta, do encaminhamento exato, da transparência do itinerário institucional, da defesa do usuário diante das recusas para uma operacionalização mais equânime da lei para que se efetive uma política redistributiva de acesso à terra, à habitação, às condições mínimas de vida. (Faleiros, 1999, p. 60)

Pelo exposto, você pode notar que os pesquisadores convergem em muitos aspectos referentes à "questão social". Para os três primeiros, a existência de vinculação direta entre tal matéria e a exploração capitalista é uma determinação histórica para as dimensões teórico-metodológica, técnico-operativa e ético-política da profissão.

Observe que o entendimento de que as relações de trabalho configuram a base histórica da "questão social" também está presente nas análises dos três autores mencionados inicialmente. Já para Vicente de Paula Faleiros, a "questão social" é muito genérica para ser considerada a matéria-prima, o eixo estruturante ou o objeto de investigação e de intervenção do assistente social. Em sua proposta, o autor constrói outros conceitos e categorias de análise, que o diferenciam do pensamento hegemônico sobre a "questão social" para o Serviço Social contemporâneo.

4.2 Serviço Social brasileiro e a tese da "nova questão social"

Nos estudos sobre a "questão social" contemporânea, tem sido recorrente a discussão sobre a existência ou não de uma "nova questão social". Isso é relevante para os assistentes sociais, pois, para alguns estudiosos da pós-modernidade, os processos de mundialização e financeirização do capital, somados à reestruturação produtiva, têm ocasionado mudanças significativas nas relações sociais de produção, cujo resultado seria a emergência de uma "nova questão social".

Os dois principais defensores dessa ideia são o sociólogo francês Robert Castel e o historiador, também francês, Pierre Rosanvallon. Em síntese, Castel defende que existem novas demandas sociais decorrentes do esgotamento da sociedade salarial, típica do período fordista-keynesiano. Numa perspectiva bem mais ortodoxa, Rosanvallon acredita que o período clássico dos direitos sociais já foi superado, resultando em novas demandas para a "questão social". Ambos partem do pressuposto de que ocorreu o **esgotamento da sociedade industrial** e aquelas demandas sociais típicas do Estado de bem-estar social foram substituídas por novas demandas. Nesse processo, **novos sujeitos** estariam diante de **novas necessidades** e a regulação do Estado deve levar em consideração as configurações dessa **nova realidade social, política e econômica**.

As análises de Castel (1998) remetem ao conceito de *desfiliação*, analisado pelo autor como resultado de três principais aspectos da "questão social" na atualidade:

1. **desestabilização dos estáveis** – que se refere ao aprofundamento da precarização do trabalho em setores que foram considerados estáveis por um longo período;
2. **instalação da precariedade** – que causa permanente insegurança social nos indivíduos;

3. **precarização do emprego e aumento do desemprego** – que se relacionam à redução de postos de trabalho formais em todos os países do mundo.

Portanto, para Castel, a "nova questão social" tem raízes no **desemprego** e na **precarização do trabalho**, e isso promove o surgimento de **sujeitos desfiliados**, especialmente jovens sem expectativas de ocupação formal, os quais se sentem "inúteis para o mundo". Em suas palavras, "o núcleo da questão social hoje seria a existência de 'inúteis para o mundo', de supranumerários e, em torno deles, de uma nebulosa de situações marcadas pela instabilidade e pela incerteza do amanhã que atestam o crescimento de uma vulnerabilidade de massa" (Castel, 1998, p. 593).

Numa direção semelhante, porém bem mais radical, Rosanvallon assume uma postura mais próxima do social-liberalismo e afirma que as formas de **exclusão social** na contemporaneidade são diferentes daquelas que caracterizaram o Estado de bem-estar social. Por exemplo, para ele, "não podemos continuar aplicando as medidas universais que pressupunham a existência de um desemprego típico, que se podia tratar aplicando mecanicamente providências padronizadas" (Rosanvallon, 1998, p. 163). O autor acredita que o sistema de seguro social nos moldes universalistas está em vias de erosão e que é um processo irreversível.

Ele menciona a existência de uma **crise financeira** generalizada como resultado dos enormes gastos dos Estados com demandas ultrapassadas da "questão social"; analisa também o que acredita ser uma **crise ideológica**, pautada pela descrença atual nas políticas sociais como possibilidade de superação da "questão social". Por fim, o autor analisa o que denomina de **crise filosófica**, afirmando que

> ainda não temos consciência clara dessa crise filosófica que acompanha uma nova questão social. É preciso explorar os seus termos para compreender a nova paisagem social que ela está esboçando. De imediato, aparecem dois problemas principais: a desagregação dos princípios de organização da solidariedade e o fracasso da concepção tradicional dos direitos sociais, que propõem um contexto satisfatório para considerar a situação dos excluídos. (Rosanvallon, 1998, p. 25)

Segundo ele, com o desenvolvimento informacional e da genética, que tendem a prolongar a vida das pessoas, a proteção social não está mais vinculada aos riscos (de penúria, morte precoce e outros), mas à **insegurança** (social, econômica ou relacionada a catástrofes naturais, guerras e outros). Esse deslocamento modifica a concepção de *seguridade*, levando a crer que, progressivamente, ocorrerá a destruição total do sistema de seguridade social. O historiador alude à genética médica, por exemplo, para argumentar que seu progresso "leva a uma reavaliação radical da análise dos riscos de saúde, e a uma visão do social ao mesmo tempo mais individualista e mais determinista" (Rosanvallon, 1998, p. 41). Para o autor, "O efeito do conhecimento genético [...] é modificar nossas ideias sobre a doença" (Rosanvallon, 1998, p. 41), pois ela teria causas já conhecidas e resultados já esperados. Ele ainda complementa:

> Esses desenvolvimentos da genética terão no longo prazo enormes consequências sociais e políticas. A razão é simples: eles põem em causa a abordagem estatística do social, em favor de modelos que se sustentam melhor com respeito aos determinismos e aos comportamentos pessoais. Ao mesmo tempo, invalidam a lógica securitária sobre a qual se baseia o Estado Providência. De fato, o seguro consiste em desprezar os dados individuais para fundi-los nas características gerais da população, de natureza estatística. (Rosanvallon, 1998, p. 42)

Numa perspectiva pós-moderna e de princípios nitidamente neoliberais, o autor analisa inúmeras categorias e conceitos sobre a "questão social", todas desprovidas de visão crítica que inclua os conflitos de classe em suas análises. Nelas também não se observa qualquer menção à exploração capitalista e à concentração de renda e propriedade como mantenedoras da desigualdade social e da pauperização dos trabalhadores, segmento social que mais necessita de proteção no aprofundamento da "questão social" contemporânea. Ao constatar que é preciso reinventar as formas de **solidariedade social**, o autor entende que o individualismo presente na sociedade atual passou a exigir ações mais focalizadas por parte do sistema de proteção social, ou seja, "a solidariedade se torna, por definição, um conceito fundamentado no tratamento diferenciado dos indivíduos, portanto, não pode mais derivar de uma forma fixa, de caráter universal" (Rosanvallon, 1998, p. 58).

Ao analisar as perspectivas dos referidos autores, já aludimos em artigo apresentado no II Congresso Internacional de Política Social e Serviço Social, promovido pela Universidade Estadual de Londrina (UEL) em julho de 2017, que não concordamos com a existência de uma "nova questão social". Entendemos que

> não podemos incorporar passivamente a existência de uma "nova questão social" a partir de conceitos como "desfiliados" e "inúteis para o mundo" tal qual apresentados por Castel e, tampouco, construções ideopolíticas conservadoras e neoliberais, como as apresentadas por Rosanvallon, onde o autor supõe a irreversibilidade do processo sócio-histórico pós-moderno destituindo a luta de classe como alternativa transformadora. Além disso, para nós, existe um equívoco ao se acreditar na emergência de uma "nova questão social". Não é a "questão social" que é nova, assim como o estágio monopolista do capitalismo, por exemplo, não transformou o capitalismo em um "novo capitalismo" (até porque não deixou de manter seu caráter também concorrencial). O que se modifica com o tempo, são as formas ampliadas de acumulação capitalista e o consequente acirramento da "questão social", ou seja, a ampliação e o aprofundamento de suas expressões. (Meirelles, 2017, p. 8)

Por isso, o que temos observado são renovações de expressões da "questão social" derivadas da reprodução ampliada da acumulação capitalista em seu estágio monopolista.

> Porém, o que presenciamos é a renovação de expressões, sejam da "questão social" ou do próprio capitalismo mundializado, fruto da exploração do trabalho pelo capital e das contradições imanentes ao deslocamento da acumulação capitalista da esfera produtiva para a esfera financeira e especulativa. (Meirelles, 2017, p. 8)

Portanto, o que se pode considerar como "novas" (renovadas) são as expressões da "questão social", e não a "questão social" em si, pois esta é um conceito ontológico, explicado teoricamente pela lei geral da acumulação capitalista.

Portanto, vale lembrarmos a vinculação mediatizada existente entre as múltiplas expressões da "questão social" e as contradições das relações sociais de produção e exploração capitalista. Para compreender que não convivemos com uma versão nova da "questão social", é preciso entender as bases que a conformam. Braz (2011, p. 16), por exemplo, analisa que

> se considerarmos a introdução de significativas modificações e inovações na estrutura social da sociedade burguesa, e no perfil de suas duas classes fundamentais, é possível asseverar que os problemas centrais abertos no século 19 permanecem os mesmos: a burguesia e o proletariado como classes fundamentais, as lutas de classes que delas surgem, a "questão social", o Estado capitalista. Permanecem os mesmos problemas centrais, porém, emergiram e continuam emergindo outros que exigem atualização constante da reflexão teórico-crítica, de modo a procurar compreender as novas manifestações que incidem sob a base dos mesmos fenômenos macrossocietários e multisseculares. (Braz, 2011, p. 16)

Para Iamamoto (2007b), devemos considerar que o que se apresenta em permanente renovação são as expressões da "questão social", e não a própria. Segundo ela,

> constata-se hoje uma renovação da "velha questão social", inscrita na própria natureza das relações sociais capitalistas, sob outras roupagens e novas condições sócio-históricas na sociedade contemporânea, aprofundando suas contradições e assumindo novas expressões na atualidade. Ela evidencia hoje a imensa fratura entre o desenvolvimento das forças produtivas do trabalho social e as relações sociais que o sustentam. Crescem as desigualdades e afirmam-se as lutas no dia a dia contra as mesmas – lutas na sua maioria silenciadas pelos meios de comunicação – no âmbito do trabalho, do acesso aos direitos e serviços no atendimento às necessidades básicas dos cidadãos, das diferenças étnico-raciais, religiosas, de gênero, entre outras dimensões. (Iamamoto, 2007b, p. 164-165)

Portanto, as renovadas expressões da "questão social" mantêm-se como resultantes da exploração capitalista, inclusive em suas expressões clássicas, como a desigualdade social e a pobreza.

> Sendo assim, é possível afirmar então que as expressões da "questão social" podem ser reconfiguradas nos diferentes estágios capitalistas, mas persistem substantivamente sendo as mesmas (com tendências a ampliação e ao aprofundamento) porque derivam do mesmo fundamento: a exploração do trabalho pelo capital. (Meirelles, 2017, p. 9)

Considerando o exposto, compreendemos que a exploração do trabalho pelo capital não pode prescindir da regulação estatal para conter os exageros do capital sobre a classe trabalhadora. As políticas sociais se apresentam, então, como a mais forte **mediação sociopolítica e econômica** para a regulação da luta de classes. Na contemporaneidade, com a renovação e a expansão de expressões da "questão social" derivadas de princípios neoliberais, têm emergido políticas focalizadas na pobreza extrema (ou absoluta), resultado do contingenciamento de investimentos nas políticas de seguridade social e demais políticas públicas sociais. Nesse cenário de redução de investimentos em políticas sociais, ocorre a ampliação da desigualdade social e da pauperização, porque a redução de investimentos em tais políticas confronta o princípio de universalização do acesso previsto na Constituição Federal de 1988.

Evidentemente, o agravamento da "questão social" contemporânea é sentido por todas as camadas da classe trabalhadora. Então, para o assistente social, profissional que atua majoritariamente com as classes subalternas, as expressões da "questão social" se apresentam de forma mais incisiva. Diante de alguns discursos que afirmam que a desigualdade social e a pobreza estão se reduzindo no país, basta-nos observar inúmeras expressões do cotidiano da vida social, as quais indicam justamente o contrário. Isso é comprovado quando se analisam desde expressões mais gerais como desemprego, violência e destruição ambiental, que se expressam praticamente de forma estrutural em todos os países capitalistas do globo, até aquelas expressões encontradas no miúdo do cotidiano (Yazbek, 2006), tais como: a negligência familiar nos cuidados de crianças, adolescentes, idosos e pessoas com deficiência; a nefasta degradação das condições de vida de adultos e crianças que vivem na rua; o uso de drogas;

a dramática violência contra a mulher; as infelizes desigualdades de gênero, etnia e classe, incluindo aí as terríveis ações homofóbicas e xenófobas; a horrenda desumanização no trato aos encarcerados; a histórica e indelével violência contra pequenos produtores rurais, comunidades indígenas e quilombolas atrelada à desigualdade na distribuição fundiária; e a falta de acesso às políticas de seguridade social, de educação, de habitação. Em verdade, há uma miríade de expressões ou manifestações da "questão social" e seria impossível explicar cada uma delas no espaço deste livro.

Sobre o método de exposição e análise do tema em foco, é necessário esclarecer que, sendo a exploração capitalista a base fundante da "questão social", o entendimento essencial de suas expressões exige a habilidade de construir mediações para a análise e a compreensão dos fenômenos. Aqui, estamos nos reportando ao método de Marx para lembrar que não é possível compreender as expressões da "questão social" sem adotar as mediações que a atravessam.

> **Importante**
> As mediações são um recurso metodológico que possibilita a compreensão e a análise da totalidade das relações sociais em suas contradições sociais, políticas econômicas e culturais.

Esse processo metodológico é necessário porque, de imediato, não é possível visualizar a relação entre uma expressão da "questão social" e a exploração capitalista. É preciso superar o imediato e mediatizar os fenômenos sociais fazendo aproximações sucessivas entre o universal e o singular. Esse processo permite trazer à luz as particularidades do objeto por meio de mediações.

Logo, para o Serviço Social, não basta entender as expressões da "questão social" como um resultado imediato da exploração capitalista. Isso seria mera retórica! É necessário compreender as expressões da "questão social" levando em conta a complexidade dos elementos conceituais e categoriais que configuram o fenômeno investigado, tendo como ponto de partida a exploração capitalista.

Em outras palavras, não podemos acreditar na aparência (imediato) dos fenômenos sociais que se apresentam no cotidiano profissional. É preciso alcançar a essência das demandas trazidas pelos usuários do Serviço Social, pois estas são complexas e, de alguma forma, remetem à exploração capitalista desdobrada em expressões da "questão social".

Portanto, todas as regressões sociais que temos vivenciado como decorrência da exploração do trabalho pelo capital exigem procedimentos teórico-metodológicos e políticos que vislumbrem um confronto ao neoliberalismo, na medida em que a perspectiva neoliberal promove o aprofundamento da "questão social" em nosso país, conforme exemplos a seguir:

- o enfraquecimento do capital produtivo frente aos interesses do grande capital financeiro mundializado;
- o enfraquecimento da organização da classe trabalhadora e dos partidos políticos de esquerda;
- o desemprego que atinge atualmente, cerca de 13,5 milhões de brasileiros e a desregulamentação do trabalho que levará outros milhões de trabalhadores ao trabalho informal, ampliando a pobreza absoluta e relativa;
- a redução de direitos sociais e trabalhistas para a classe trabalhadora brasileira, incluindo os trabalhadores rurais, frente à Reforma da Previdência e a desregulamentação do trabalho, com a consequente mercantilização dos direitos de seguridade social;
- as variadas formas de criminalização da pobreza, xenofobia, violência social e familiar que temos presenciado, inclusive com o apoio da Bancada conservadora denominada BBB (Boi, Bala e Bíblia) do Congresso Nacional;
- a destruição da natureza para atender a ganância desmensurada do grande capital, sem qualquer fiscalização que garanta a sua recomposição permanente;
- a persistente insegurança alimentar grave e o aviltamento do direito fundamental de sobrevivência em condições de qualidade nutricional. (Meirelles, 2017, p. 11)

Esses exemplos demonstram a complexidade da "questão social" brasileira e seus aspectos regressivos ao longo do desenvolvimento do capitalismo. Observe que, quanto mais desenvolvido o capitalismo, mais regressões sociais, políticas e econômicas se impõem para a classe trabalhadora. Nesse sentido, reafirmamos que

> Cabe-nos, em consonância com o projeto ético-político do Serviço Social, contribuir para a ampliação das lutas sociais protagonizadas por segmentos expressivos da classe trabalhadora, por meio de movimentos sociais, de lutas sindicais e de apoio aos partidos políticos de esquerda, sem os quais a democratização e a cidadania de nosso país tendem a perder vitalidade pública e valor social. (Meirelles, 2017, p. 12)

Como demonstramos ao longo deste capítulo, existe somente uma "questão social". Suas variações se apresentam em forma de expressões e manifestações. Então, tais expressões podem variar de acordo com a realidade de um país, mas também com realidades regionais e locais. É importante lembrar sempre que desvelar as particularidades da "questão social" exige mediações simples e complexas entre as características das relações sociais mais específicas e as relações sociais determinadas pelo capitalismo monopolista. Esse é o tema da seção a seguir.

4.3 Conhecimento da realidade social local e enfrentamento das expressões da "questão social"

O conhecimento da realidade social une as dimensões investigativa e interventiva do Serviço Social. Portanto, tal conhecimento é fundamental na atuação profissional. Para aprofundar esse conhecimento, é necessário recorrer aos fundamentos da formação sócio-histórica brasileira e compreender que todo o processo de desenvolvimento do capitalismo no Brasil ocorreu de forma desigual entre as regiões e até mesmo entre as localidades do país. Esse fenômeno de desenvolvimento desigual[4] está vinculado, entre outros fatores, à transição do capitalismo concorrencial para o capitalismo monopolista no país e ao descompromisso da burguesia brasileira com a realidade social dos trabalhadores. Numa síntese, podemos dizer que, em nosso país, essa transição

> não foi presidida por uma burguesia com forte orientação democrática e nacionalista, voltada à construção de um desenvolvimento capitalista interno autônomo. Ao contrário, ela foi e é marcada por uma forma de dominação burguesa [...] restrita aos membros das classes dominantes que universalizam seus interesses de classe a toda a nação, pela mediação do Estado e de seus organismos privados de hegemonia. O país transitou da "democracia dos oligarcas" à "democracia do grande capital", com clara dissociação entre desenvolvimento capitalista e regime político democrático. Esse processo manteve e aprofundou os laços de dependência em relação ao exterior e ocorreu sem uma desagregação radical da herança colonial na conformação da estrutura agrária brasileira. Dessa herança, permanecem tanto a subordinação da produção agrícola aos interesses exportadores, quanto os componentes não capitalistas nas relações de produção e nas formas de propriedade, que são redimensionados e incorporados à expansão capitalista. Essa, gradualmente, moderniza a grande propriedade territorial que assume a face racional da empresa capitalista, convivendo com as vantagens da apropriação da renda fundiária. É acompanhada da concentração da propriedade territorial e de uma ampla expropriação de trabalhadores. Cresce a massa de assalariados rurais e urbanos, necessária à expansão do mercado interno, e às exigências de ampliação da produção e da produtividade. (Iamamoto, 2007b, p. 131)

Por outro lado, evidenciamos que o desenvolvimento do capitalismo não promoveu uma "nova questão social", mas radicalizou

---

4 Essa ideia está associada à lei geral da acumulação capitalista de Marx (1984), quando o autor explica os componentes contraditórios que configuram o processo desigual entre o desenvolvimento econômico e o desenvolvimento social.

as expressões já existentes e renovou algumas expressões próprias do desigual desenvolvimento das forças produtivas diante do desenvolvimento das relações sociais de produção. Assim, enfrentar a "questão social" na atualidade é "decifrar as desigualdades sociais – de classe – em seus recortes de gênero, raça, etnia, religião, nacionalidade, meio ambiente etc. Mas decifrar, também, as formas de resistência e rebeldia com que são vivenciadas pelos sujeitos sociais" (Iamamoto, 2001b, p. 114).

O reconhecimento da realidade é, portanto, um desafio enorme para o assistente social que deseja intervir criticamente nas demandas dos usuários dos serviços sociais. Isso porque é necessário um esforço no sentido de absorver as dimensões econômicas, políticas, ideológicas, históricas e culturais dos fenômenos que medeiam a "questão social", tendo por base a desigualdade social que potencializa a pauperização de amplas camadas da classe trabalhadora do país.

No Brasil, por exemplo, as disparidades regionais são gritantes. Apenas para ilustrar algumas desigualdades que reverberam em muitas das expressões da "questão social", elencamos a seguir dados da realidade social brasileira, tendo como base a Pesquisa por Amostra de Domicílios (PNAD) realizada pelo IBGE em 2014 e publicada em 2015.

> De acordo com a Pesquisa Nacional por Amostra de Domicílios – PNAD 2014, a Região Sudeste foi aquela em que residia a maior parte da população brasileira (42,0%). O Estado de São Paulo detinha o maior contingente populacional, correspondendo a 21,7% da população total do País. Somente a Região Metropolitana de São Paulo (10,3%) tinha participação percentual semelhante à do Estado de Minas Gerais (10,2%), o segundo mais populoso do Brasil. As Regiões Norte (8,5%) e Centro-Oeste (7,5%) apresentaram menor proporção de população residente, sendo que em Roraima residia somente 0,2% da população brasileira. (IBGE, 2015, p. 11)

Lembre-se de que, em nosso país, existe uma distribuição territorial bastante desigual, o que interfere diretamente em vários aspectos sociais, políticos, econômicos e culturais, sobretudo no tocante às relações de trabalho e investimento em políticas públicas sociais.

Com relação ao sexo, por exemplo, a pesquisa do IBGE (2015) revela que as mulheres compõem a maioria da população brasileira. Elas representam 51,6% da população em comparação ao sexo masculino, que representa 48,4%. Crianças entre 0 e 14 anos de idade representam 21,6%; jovens entre 15 e 29 anos, 24,1%; adultos entre 30 e 59 anos, 46%; e idosos, considerados todos aqueles acima de 60 anos, correspondem a 13,7%.

Em tempos de democratização e defesa intransigente de direitos humanos, vale destacar que o documento analisado não faz menção à questão de gênero e orientação sexual. Isso impede a apresentação e a análise de dados acerca da população de lésbicas, gays, bissexuais, travestis, transexuais e transgêneros (LGBTTT), mantendo-os num patamar de pouca visibilidade social.

Com relação à taxa de mortalidade infantil, fenômeno persistente no país, os dados apresentados demonstram que ainda é considerada alta, correspondendo a 14,4 mortes por mil nascidos vivos. As desigualdades regionais para a mortalidade infantil revelam que as regiões mais empobrecidas são as mais atingidas e contam com menos recursos para enfrentar essa expressão da "questão social". Nesse caso,

> Regiões Norte (18,6), Nordeste (18,4) e Centro-Oeste (15,2) com valores acima ao da média nacional, enquanto, Sudeste (11,1) e Sul (10,1) apresentavam valores inferiores. Os valores extremos, em 2014, na estimativa da taxa de mortalidade infantil foram observados no Amapá (23,7 mortes por mil nascidos vivos) e no Espírito Santo (9,6). (IBGE, 2015, p. 20)

O saneamento básico, elemento agregador do fator *saúde*, é um direito fundamental de cidadania. Ao analisar a situação de crianças e adolescentes, observa-se que o Brasil apresenta índices alarmantes e desiguais. De acordo com o IBGE (2015):

Considera-se que, quando as três formas de saneamento (água, esgoto ou lixo) são inadequadas no domicílio, de forma simultânea, há maior exposição da população residente ao risco de doenças, especialmente as crianças. Em 2014, esta situação foi observada para 9,6% das crianças e adolescentes de até 14 anos de idade, sendo mais agravante para aquelas residentes nas Regiões Norte (19,2%) e Nordeste (16,6%). [...] A principal forma de inadequação foi por ausência de esgotamento sanitário via rede geral ou fossa séptica. (IBGE, 2015, p. 27)

Com relação ao direito à profissionalização, ao trabalho e à renda de jovens entre 15 e 29 anos, destacamos as características dos jovens que não estudavam nem trabalhavam. A pesquisa em tela revela que

elevada proporção (45,6%) residia nas Regiões Nordeste ou Norte se comparada com a proporção do total de jovens residentes nestas regiões (38,6%); as mulheres (69,2%) e pretos ou pardos (62,9%) eram maioria; no quesito sobre a condição na unidade domiciliar eles eram relacionados na categoria de filho (47,5%), tendo destaque também os que eram indicados como cônjuges (27,3%); tinham baixa escolaridade (8,7 anos de estudo, em média), sendo que 29,9% não tinham o ensino fundamental completo, mas 46,8% tinham ensino médio completo ou nível mais elevado; 58,1% das mulheres nesta categoria tinham ao menos 1 filho nascido vivo; a proporção de mulheres (91,5%) que cuidaram de afazeres domésticos na semana de referência foi elevada, sendo neste grupo menor a proporção de homens (43,9%) que cuidaram de afazeres domésticos; o número médio de horas dedicadas aos afazeres domésticos foi de 28,6 horas para as mulheres e 11,5 horas para os homens. (IBGE, 2015, p. 32)

Outro fator de desigualdade regional e local se refere à mortalidade de jovens (homens e mulheres) no país. O IBGE indica que

as probabilidades de morte dos homens jovens de 15 a 29 anos de idade das Regiões Norte (48,7 óbitos por mil) e Nordeste (48,5 óbitos por mil) são significativamente superiores às observadas para as Regiões Sudeste (22,3 óbitos por mil) e Sul (24,5 óbitos por mil). A mortalidade das mulheres revela, por outro lado, padrão mais estável entre as regiões, além de menor intensidade, o que sugere maior exposição dos homens – especialmente das Regiões Norte e Nordeste do País – às mortes violentas [...]. Evidência a este fato está na sobremortalidade masculina que possui padrões semelhantes em todas as Grandes Regiões. (IBGE, 2015, p. 33)

Esses dados refletem uma importante expressão da "questão social" brasileira, pois é evidente que os índices de mortalidade ou de encarceramento de jovens do sexo masculino, negros e semialfabetizados é muito maior do que para outros segmentos sociais. Com relação à população idosa, a pesquisa analisou o direito à previdência social, medido por meio do acesso à aposentadoria e pensão. Os dados demonstraram que, em 2014,

> entre idosos de 60 anos ou mais de idade, 57,5% eram somente aposentados, 9,5% eram somente pensionistas e 8,2% acumulavam aposentadoria e pensão. Entre os que não eram aposentados ou pensionistas (24,8%) verificou-se que o nível de ocupação foi maior do que para os idosos como um todo. Por outro lado, a proporção de idosos que já eram aposentados e estavam ocupados na semana de referência foi de 16,4% [...]. A aposentadoria ou pensão foi a principal fonte do rendimento das pessoas de 60 anos ou mais de idade (66,4%), sendo que o trabalho também foi uma fonte importante (29,3%). Para as pessoas de 65 anos ou mais de idade a participação do rendimento proveniente de aposentadoria ou pensão aumenta (76,1%), enquanto o trabalho correspondeu a 19,0% do rendimento. As outras fontes de rendimento vêm perdendo importância no rendimento dos idosos, enquanto o rendimento do trabalho aumentou participação ao longo do tempo [...]. Com a tendência de envelhecimento da população aumentam os desafios na concessão de benefícios e na cobertura de programas e serviços direcionados aos idosos, especialmente aqueles associados à seguridade social englobando a área da saúde, previdência e assistência social. (IBGE, 2015, p. 37-38)

Por fim, apresentamos os dados sobre o trabalho. O IBGE indica que o desemprego de mulheres é maior quando comparado com o desemprego de homens, o que é visível em todos os países do mundo, mesmo naqueles de capitalismo central. O mundo do trabalho também é menos receptivo aos jovens entre 16 e 29 anos, considerados menos experientes e, portanto, mais onerosos no que diz respeito a exigências de capacitação profissional. De acordo com o Instituto, no Brasil, em 2014, 4 milhões de mulheres de 16 anos ou mais estavam desempregadas. Contudo, as mulheres ainda são o segundo grupo populacional com a maior taxa de desocupação, abaixo somente da categoria de jovens. As mulheres jovens são as que encontram maior dificuldade de postos de trabalho (IBGE, 2015).

A pesquisa indica que a Região Nordeste é aquela com a menor taxa de população ocupada (PO) em trabalhos formais, com 43,1%. A Região Sul, por sua vez, conta com 68,2% da sua PO em trabalhos formais.

> As características da economia e a qualificação da mão de obra nessas regiões ajudam a explicar, em parte, essas disparidades no mercado de trabalho. Na Região Nordeste, mais de 30,0% da população total de 25 anos ou mais de idade tem menos de quatro anos de estudo e 38,0% da PO está nas categorias de conta própria, trabalhadores na produção e construção para próprio uso e não remunerados; enquanto na Região Sul, estes percentuais são 16,0% e 26,0%, respectivamente. (IBGE, 2015, p. 67)

Os dados divulgados pelo Instituto demonstram a necessidade de conhecimento da realidade social, em âmbitos regional e local, com vistas ao enfrentamento das expressões da "questão social". Consideradas genericamente, estas aparentam contar com as mesmas especificações, mas, na verdade, a realidade local pode apresentar inúmeras particularidades que alteram as escolhas técnico-operativas dos profissionais para o enfrentamento da "questão social", revestindo-as de múltiplos olhares diante dos desafios impostos na contemporaneidade.

Nesse sentido, são de grande relevância as recomendações de Iamamoto (2001a) quando procura **sintonizar o Serviço Social com os novos tempos**. Suas recomendações se tornaram célebres para os profissionais do Serviço Social, na medida em que a autora reflete as preocupações da categoria profissional diante das demandas da "questão social" contemporânea. Destacamos sua afirmação de que "para garantir uma sintonia do Serviço Social com os tempos atuais, é necessário **romper com uma visão endógena, focalista, uma visão de dentro do Serviço Social, prisioneira em seus muros internos**" (Iamamoto, 2001b, p. 20, grifo nosso). Isso significa abrir-se para a criação propositiva de alternativas de ação. Ao longo da história, o assistente social se consagrou muito mais pela "execução terminal de políticas sociais" (Paulo Netto, 2005, p. 74) do que por proposições de superação da realidade social imposta pelo capital. Por isso, "um dos maiores desafios que o Assistente Social vive no presente é desenvolver sua capacidade de **decifrar a realidade e construir propostas de trabalho criativas e capazes de preservar e efetivar direitos, a partir de demandas emergentes no cotidiano. Enfim, ser um profissional propositivo e não só executivo**" (Iamamoto, 2001b, p. 20, grifo nosso). E ela complementa: "as possibilidades estão dadas na realidade, mas não são automaticamente transformadas em alternativas profissionais. Cabe aos profissionais apropriarem-se dessas possibilidades e, como sujeitos, desenvolvê-las transformando-as em projetos e frentes de trabalho" (Iamamoto, 2001b, p. 21).

Assim, a realidade social assume o caráter concreto para a atuação do assistente social, representando a materialidade com que o profissional planeja suas ações. Já aludimos à importância das mediações para a compreensão das expressões da "questão social". O mesmo ocorre, evidentemente, para a compreensão da realidade social, determinação privilegiada do profissional de Serviço Social perante o conturbado mundo em que vivemos e as variadas expressões da "questão social" que instigam, não somente os assistentes sociais, mas qualquer trabalhador impactado com os cenários de barbárie social, política e econômica que temos observado neste início do século XXI.

Síntese

Neste último capítulo, abordamos alguns aspectos fundamentais da "questão social" contemporânea e demonstramos como o Serviço Social concebe as expressões da "questão social" na contemporaneidade. Apresentamos o pensamento central de alguns autores, destacando José Paulo Netto, Marilda Iamamoto, Maria Carmelita Yazbek e Vicente de Paula Faleiros, para que você perceba com maior facilidade o debate existente no interior da categoria profissional. Apresentamos também a atual discussão sobre a "nova questão social", tese defendida por Robert Castel e Pierre Rosanvallon, demonstrando que, para o Serviço Social brasileiro, tal tese não se sustenta, uma vez que a profissão considera, hegemonicamente, que há um só capitalismo, do qual resulta uma "questão social" que se desdobra em uma miríade de expressões e manifestações. Por fim, analisamos a importância do conhecimento da realidade social (nacional, regional e local) para o Serviço Social, tendo em vista que as disparidades regionais no Brasil são enormes, salientando a desigualdade social e os níveis de pobreza. Então, trouxemos à luz alguns índices do IBGE/PNAD de 2015, que revelam uma realidade bastante heterogênea em relação ao acesso no mundo do trabalho e à realidade regional de alguns segmentos privilegiados para a Política Nacional de Assistência Social.

Para saber mais

PAULO NETTO, J. **Ditadura e serviço social**: uma análise do serviço social no Brasil pós-64. São Paulo: Cortez, 2004.

Nesse livro, o autor faz uma análise sofisticada do processo de renovação do Serviço Social sob a autocracia burguesa revelando aspectos fundamentais das relações do Estado com a sociedade civil, as políticas públicas sociais, a "questão social" e o Serviço Social brasileiro. Trata-se de um livro clássico do Serviço Social e, portanto, é uma leitura indispensável para interessados na área.

IAMAMOTO, M. **Renovação e conservadorismo no serviço social**: ensaios críticos. São Paulo: Cortez, 2007.

Marilda Iamamoto aborda elementos importantes do processo de renovação do Serviço Social, discutindo categorias determinantes como conservadorismo e divisão do trabalho, iluminando o conhecimento crítico sobre o Serviço Social e a "questão social" no Brasil.

CRESS-MG – Conselho Regional de Serviço Social de Minas Gerais. **Contribuições para o exercício profissional de assistente social**: coletânea de leis. Belo Horizonte, 2013.

Qualquer livro que apresente uma coletânea de leis é, por si só, muito importante e facilita o acesso às legislações da profissão e das políticas sociais pertinentes. Essa coletânea apresenta normativas jurídico-legais que tratam de Constituição Federal, direitos humanos, Serviço Social e diversas políticas sociais.

IBGE – Instituto Brasileiro de Geografia e Estatística. **Síntese de indicadores sociais**: uma análise das condições de vida da população brasileira. Rio de Janeiro, 2015. Disponível em: <https://biblioteca.ibge.gov.br/visualizacao/livros/liv95011.pdf>. Acesso em: 10 jan. 2018.

Essa publicação do IBGE/PNAD tem potencial de iluminar qualquer estudo sobre a "questão social" brasileira, trazendo índices estatísticos sobre várias de suas expressões da "questão social" contemporânea e das políticas sociais.

Questões para revisão

1. Qual das alternativas abaixo não representa o pensamento de Robert Castel sobre a "nova questão social"?
   a) Incerteza e insegurança social.
   b) Existência de supranumerários.
   c) Promoção de sujeitos desfiliados, sobretudo, jovens.
   d) Anomia social provocada, sobretudo, por jovens.

2. No pensamento hegemônico do Serviço Social brasileiro, a "nova questão social":
   a) é pertinente às novas demandas provocadas pela ascensão do neoliberalismo no país.
   b) existe somente para determinadas frações da classe trabalhadora.
   c) não existe; o que há são expressões renovadas da "questão social".
   d) relaciona-se à redução de direitos sociais levou à ampliação da "questão social" a um ponto tão extremo.

3. Assinale a alternativa **incorreta** sobre as principais características do processo de transição do capitalismo concorrencial para o capitalismo monopolista em nosso país:.
   a) A transição não foi presidida por uma burguesia com forte orientação democrática e nacionalista, voltada à construção de um desenvolvimento capitalista interno autônomo.
   b) O país transitou da democracia dos oligarcas à democracia do grande capital, com clara dissociação entre desenvolvimento capitalista e regime político democrático.
   c) Na transição, permaneceram tanto a subordinação da produção agrícola aos interesses exportadores quanto os componentes não capitalistas nas relações de produção e nas formas de propriedade.
   d) Naquele período, houve uma redução da massa de assalariados rurais e urbanos, necessária à expansão do mercado interno, prejudicando a ampliação da produção e da produtividade.

4. Explique o que é, para Marilda Iamamoto, "visão endógena do Serviço Social"?

5. Por que o Serviço Social questiona a adoção de políticas sociais ou programas sociais focalizados?

Questões para reflexão

1. Qual é o tripé que compõe o projeto ético-político do Serviço Social?

   Dica: Lembre-se do processo de renovação da profissão que caracteriza a intenção de ruptura nas décadas de 1980 e 1990.

2. Qual é a principal necessidade apontada pela Abepss com relação ao Serviço Social e à "questão social"?

   Dica: Lembre-se do desenvolvimento capitalista e da Reforma do Estado.

3. Qual é a principal diferença entre a concepção de Vicente de Paula Faleiros e a dos demais autores no que tange à "questão social"?

   Dica: Lembre-se da relação sujeito/estrutura e da relação usuário/instituição analisadas pelo autor.

4. Quais as principais contradições enfrentadas pelo assistente social no que diz respeito à "questão social"?

   Dica: Lembre-se dos interesses antagônicos entre as diferentes classes socais.

Para concluir...

Como enunciamos na apresentação deste livro, não tivemos, com os conteúdos aqui trabalhados, a pretensão de esgotar os conhecimentos sobre a "questão social" e o Serviço Social. Evidentemente, as demais fontes citadas ao longo do texto servirão a você, leitor, na empreitada de aprofundar conhecimentos e buscar aperfeiçoamento no assunto.

Acreditamos que os conteúdos aqui analisados revelaram a importância da temática do Serviço Social, sobretudo porque a "questão social" representa o principal eixo estruturante da profissão na contemporaneidade.

Você, leitor atento, deve ter percebido que os fundamentos da "questão social" estão vinculados, necessariamente, aos do desenvolvimento e aos dos movimentos do próprio capital. Nesse sentido, para outras profissões, pode parecer um exagero ou até mesmo desnecessário o estudo do capitalismo para compreender a "questão social", em geral concebida somente como "problemas sociais" de caráter individual ou da natureza excludente do capital. Entretanto, como demonstramos ao longo da obra, e isso é muito importante, a "questão social" é derivada da exploração do trabalho pelo capital e, na contemporaneidade, manifesta-se por meio de múltiplas expressões, todas elas vinculadas à ampliação da exploração capitalista.

Tal ampliação decorre do que Marx já indicava na lei geral da acumulação capitalista quando explicou os movimentos realizados pelo capital para a manutenção da propriedade privada dos meios fundamentais de produção, da ampliação da concentração de renda e propriedade e das estratégias para não deixar cair a taxa de lucros, que tanto inquieta os capitalistas.

O processo de mundialização do capital e do neoliberalismo afetou profundamente a "questão social" brasileira, aprofundando-a. A dependência crônica de nossa economia em relação aos países de capitalismo central, as privatizações de empresas públicas, a desregulamentação das relações de trabalho e a mercantilização das políticas públicas sociais são elementos facilitadores da concentração de renda e propriedade, alargam as desigualdades sociais e mantêm a pauperização da classe trabalhadora.

Todos os trabalhadores se encontram diante da determinação capitalista de, compulsoriamente, ter de ampliar continuamente os lucros do capital. A suposta solução contemporânea, ou "pós-moderna", para as crises do capitalismo é trabalhar mais (preferencialmente na informalidade), visto a atual agressividade da concorrência intercapitalista. À classe trabalhadora cumpre colaborar, de forma direta ou indireta, para a reprodução ampliada do capital, não escapando da mais-valia expropriada pelo capitalista no processo de produção de mercadorias que tendem a promover a acumulação capitalista por meio da financeirização da economia.

Ademais, a financeirização, articulada com a necessidade de pagamento da dívida e com o desmonte de direitos, amplia a desproporcionalidade existente entre os lucros capitalistas e o empobrecimento da classe trabalhadora. A mundialização e a financeirização do capital induzem o contingenciamento de investimento público em políticas de seguridade social, educação, saneamento básico e habitação, desvelando, inclusive, a prioridade absoluta do governo brasileiro no pagamento da dívida pública em detrimento da universalização de direitos de cidadania.

Assim, os fenômenos de desigualdade social, pobreza e outros que refletem a "questão social" devem ser compreendidos à luz da exploração capitalista, da propriedade privada dos meios de produção, da concentração de renda e propriedade e da estrutura de classes.

Soma-se a tudo isso o fato de que, em nosso país, não se consolidaram sequer processos democráticos mais efetivos, nos quais esteja garantida a participação da população nas decisões nacionais e na construção das próprias políticas regulatórias. A cooptação político-ideológica impetrada por todos os governos neoliberais enfraquece as bases mais combativas dos movimentos sociais, dos sindicatos e de partidos políticos, solapando as chances de democratização real no país. Nesse caso, além de deslocar grande parte das decisões para o aparato burocrático do Estado, a passivização da organização sociopolítica possibilitou a submissão do próprio Estado às recomendações neoliberais do Banco Mundial e do FMI. As estratégias políticas dos últimos governos, com ênfase para o atual (des)governo de Michel Temer, reduzem as possibilidades de enfrentar coletivamente os desmontes previstos pelo receituário neoliberal, utilizando inclusive a desregulamentação do estatuto jurídico-legal, o qual ainda pode assegurar alguma margem de negociação para a garantia de direitos.

Desejamos que, apesar de tudo que expusemos, você ainda se sinta estimulado para o enfrentamento da "questão social"! Somos todos integrantes da classe trabalhadora e o aprofundamento das expressões da "questão social" deve nos impulsionar para a conquista de uma nova realidade social, em que haja menos exploração, injustiça social, discriminação, desigualdade social, violência, pobreza.

Certamente, não podemos ter posturas voluntaristas e messiânicas, acreditando que o Serviço Social é capaz de promover transformações estruturais na sociedade. Entretanto, intervenção social e profissional pode contribuir para promover pressões e lutas sociais, e o fato de, muitas vezes, tais lutas não produzirem mudanças imediatas não significa que não sejam revolucionárias.

Referências

ALVES, G. Nova ofensiva do capital, crise do sindicalismo e as perspectivas do trabalho: o Brasil nos anos noventa. In: TEIXEIRA, F. J. S.; OLIVEIRA, M. A. de (Org.). **Neoliberalismo e reestruturação produtiva**: as novas determinações do mundo do trabalho. São Paulo: Cortez, 1998. p. 109-161.

_____. Trabalho e sindicalismo no Brasil dos anos 2000: dilemas da era neoliberal. In: ANTUNES, R. (Org.). **Riqueza e miséria do trabalho no Brasil**. São Paulo: Boitempo, 2006. p. 461-474. (Coleção Mundo do Trabalho).

ANTUNES, R. A era da informatização e a época da informalização: riqueza e miséria do trabalho no Brasil. In: _____. (Org.). **Riqueza e miséria do trabalho no Brasil**. São Paulo: Boitempo, 2006. p. 499-508. (Coleção Mundo do Trabalho).

_____. **O continente do labor**. São Paulo: Boitempo, 2011.

ANTUNES, R. **O novo sindicalismo no Brasil**. Campinas: Pontes, 1995.

BEHRING, E. R.; BOSCHETTI, I. **Política social**: fundamentos e história. 5. ed. São Paulo: Cortez, 2008. (Coleção Biblioteca Básica de Serviço Social).

BOYADJIAN, A. C. P. de B. Os programas de transferência de renda no Brasil no período 1992 a 2007. In: MARQUES, R. M.; FERREIRA, M. R. J. (Org.). **O Brasil sob uma nova ordem**: a economia brasileira contemporânea – uma análise dos governos Collor a Lula. São Paulo: Saraiva, 2010. p. 287-307.

BRASIL. Decreto n. 4.682, de 24 de janeiro de 1923. **Coleção de Leis do Brasil**, Poder Legislativo, Rio de Janeiro, 31 dez. 1923. Disponível em: <http://www.planalto.gov.br/ccivil_03/decreto/historicos/dpl/dpl4682.htm>. Acesso em: 15 jan. 2018.

_____. Decreto n. 10.269, de 20 de julho de 1889. **Coleção de Leis do Império do Brasil**, Poder Legislativo, Rio de Janeiro, 31 dez. 1889. Disponível em: <http://www2.camara.leg.br/legin/fed/decret/1824-1899/decreto-10269-20-julho-1889-542600-norma-pe.html>. Acesso em: 15 jan. 2018.

_____. Decreto n. 17.943-A, de 12 de outubro de 1927. **Coleção de Leis do Brasil**, Poder Executivo, Rio de Janeiro, 31 dez. 1927. Disponível em: <http://www.planalto.gov.br/ccivil_03/decreto/1910-1929/d17943a.htm>. Acesso em: 15 jan. 2018.

_____. Decreto n. 19.433, de 26 de novembro de 1930. **Diário Oficial da União**, Poder Executivo, Rio de Janeiro, 2 dez. 1930. Disponível em: <http://www2.camara.leg.br/legin/fed/decret/1930-1939/decreto-19433-26-novembro-1930-517354-publicacaooriginal-1-pe.html>. Acesso em: 16 jan. 2018.

_____. Decreto n. 21.186, de 22 de março de 1932. **Diário Oficial da União**, Poder Executivo, Rio de Janeiro, 31 mar 1932a. Disponível em: <http://www2.camara.leg.br/legin/fed/decret/1930-1939/decreto-21186-22-marco-1932-524876-publicacaooriginal-1-pe.html>. Acesso em: 15 jan. 2018.

_____. Decreto n. 21.364, de 4 de maio de 1932. **Diário Oficial da União**, Poder Executivo, Rio de Janeiro, 6 maio 1932b. Disponível em: <http://www2.camara.leg.br/legin/fed/decret/1930-1939/decreto-21364-4-maio-1932-526751-publicacaooriginal-1-pe.html>. Acesso em: 15 jan. 2018.

BRASIL. Decreto n. 22.042, de 3 de novembro de 1932. **Diário Oficial da União**, Poder Executivo, Rio de Janeiro, 5 nov. 1932c. Disponível em: <http://www2.camara.leg.br/legin/fed/decret/1930-1939/decreto-22042-3-novembro-1932-499365-publicacaooriginal-1-pe.html>. Acesso em: 15 jan. 2018.

_____. Decreto-Lei n. 72, de 21 de novembro de 1966. **Diário Oficial da União**, Poder Executivo, Rio de Janeiro, 22 nov. 1966. Disponível em: <http://legislacao.planalto.gov.br/legisla/legislacao.nsf/Viw_Identificacao/DEL%2072-1966?OpenDocument>. Acesso em: 16 jan. 2018.

_____. Decreto-Lei n. 525, de 1º de julho de 1938. **Diário Oficial da União**, Poder Executivo, Rio de Janeiro, 5 jul. 1938. Disponível em: <http://www2.camara.leg.br/legin/fed/declei/1930-1939/decreto-lei-525-1-julho-1938-358399-publicacaooriginal-1-pe.html>. Acesso em: 16 jan. 2018.

_____. Decreto-Lei n. 2.162, de 1º de maio de 1940. **Diário Oficial da União**, Poder Executivo, Rio de Janeiro, 4 maio 1940. Disponível em: <http://www2.camara.leg.br/legin/fed/declei/1940-1949/decreto-lei-2162-1-maio-1940-412194-publicacaooriginal-1-pe.html>. Acesso em: 16 jan. 2018.

_____. Decreto-Lei n. 3.799, de 5 de novembro de 1941. **Diário Oficial da União**, Poder Executivo, Rio de Janeiro, 11 nov. 1941. Disponível em: <http://www2.camara.leg.br/legin/fed/declei/1940-1949/decreto-lei-3799-5-novembro-1941-413971-publicacaooriginal-1-pe.html>. Acesso em: 16 jan. 2018.

_____. Lei n. 3.397, de 24 de novembro de 1888. **Coleção de Leis do Império do Brasil**, Poder Legislativo, Rio de Janeiro, 31 dez. 1888. Disponível em: <http://legis.senado.leg.br/legislacao/ListaTextoSigen.action?norma=545209&id=14377033&idBinario=15629889&mime=application/rtf>. Acesso em: 15 jan. 2018.

_____. Lei n. 8.069, de 13 de julho de 1990. **Diário Oficial da União**, Poder Legislativo, Brasília, DF, 16 jul. 1990. Disponível em: <http://www.planalto.gov.br/Ccivil_03/leis/L8069.htm>. Acesso em: 15 jan. 2018.

_____. Lei n. 8.662, de 7 de junho de 1993. **Diário Oficial da União**, Poder Legislativo, Brasília, DF, 8 jun. 1993. Disponível em: <https://www.planalto.gov.br/ccivil_03/leis/l8662.htm>. Acesso em: 17 jan. 2018.

BRASIL. Ministério da Educação. Conselho Nacional de Educação. Câmara de Educação Superior. **Resolução n. 15, de 13 de maio de 2002**. Disponível em: <http://portal.mec.gov.br/cne/arquivos/pdf/CES152002.pdf>. Acesso em: 17 jan. 2018.

BRAZ, M. O golpe nas ilusões democráticas e a ascensão do conservadorismo reacionário. **Revista Serviço Social & Sociedade**, n. 128, p. 85-103, jan./abr. 2017.

_____. **Para a crítica da crise**: diálogos com intelectuais e parlamentares da esquerda em Portugal. Curitiba: Prismas, 2016.

_____. **Partido e revolução**: 1848-1989. São Paulo: Expressão Popular, 2011.

CARDOSO, A. M. **A construção da sociedade do trabalho no Brasil**: uma investigação sobre a persistência secular das desigualdades. Rio de Janeiro: FGV/ Faperj, 2010.

CASTEL, R. **As metamorfoses da questão social**: uma crônica do salário. Petrópolis: Vozes, 1998.

CASTRO, M. M. **História do serviço social na América Latina**. São Paulo: Cortez, 2006.

CFESS – Conselho Federal de Serviço Social. **Comemorações do Dia do/a Assistente Social homenageiam os 80 anos da profissão**. 8 abr. 2016. Disponível em: <http://www.cfess.org.br/visualizar/noticia/cod/1254>. Acesso em: 25 nov. 2017.

CHESNAIS, F. **A mundialização do capital**. São Paulo: Xamã, 1996.

COSTA, E. V. da. **Da Monarquia à República**: momentos decisivos. 9. ed. São Paulo: Ed. da Unesp, 2010.

COUTINHO, C. N. **O estruturalismo e a miséria da razão**. 2. ed. São Paulo: Expressão Popular, 2010.

CRESS-RJ – Conselho Regional de Serviço Social do Rio de Janeiro. **Assistente social**: ética e direitos. Rio de Janeiro, 2002. (Coletânea de Leis e Resoluções).

DREIFUSS, R. A. **A época das perplexidades**: mundialização, globalização e planetarização – novos desafios. Petrópolis: Vozes, 1996.

ESCORSIM NETTO, L. **O conservadorismo clássico**: elementos de caracterização e crítica. São Paulo: Cortez, 2011.

FALEIROS, V. de P. **Estratégias em serviço social**. São Paulo: Cortez, 1999.

FERNANDES, F. **A revolução burguesa no Brasil**: ensaio de interpretação sociológica. 5. ed. São Paulo: Globo, 2006.

FILGUEIRAS, L. A. M.; GONÇALVES, R. **A economia política do governo Lula**. Rio de Janeiro: Contraponto, 2007.

FONTES, V. M. **O Brasil e o capital-imperialismo**: teoria e história. Rio de Janeiro: Ed. da UFRJ, 2010. (Coleção Pensamento Crítico).

GALVÃO, A. Sindicalismo e neoliberalismo. In: ANTUNES, R. (Org.). **Riqueza e miséria do trabalho no Brasil II**. São Paulo: Boitempo, 2013. p. 353-368. (Coleção Mundo do Trabalho).

GIDDENS, A. **A terceira via**: reflexões sobre o impasse político atual e o futuro da social-democracia. Tradução de Maria Luiza X. de A. Borges. 2. tirag. Rio de Janeiro: Record, 1999.

GUERRA, Y. A dimensão técnico-operativa do exercício profissional. In: SANTOS, C. M.; BACKX, S.; GUERRA, Y. **A dimensão técnico-operativa no serviço social**: desafios contemporâneos. Juiz de Fora: Ed. da UFJF, 2013. p. 39-70.

IAMAMOTO, M. A questão social no capitalismo. **Temporalis**: Revista da Associação Brasileira de Ensino e Pesquisa em Serviço Social, Brasília, ano 2, n. 3, p. 9-32, jun./jul. 2001a.

_____. **O Serviço Social na contemporaneidade**: trabalho e formação profissional. São Paulo: Cortez, 2001b.

_____. **Renovação e conservadorismo no serviço social**: ensaios críticos. São Paulo: Cortez, 2007a.

_____. **Serviço Social em tempo de capital fetiche**: capital financeiro, trabalho e questão social. São Paulo: Cortez, 2007b.

IAMAMOTO, M.; CARVALHO, R. **Relações sociais e Serviço Social no Brasil**: esboço de uma interpretação histórico-metodológica. São Paulo: Cortez, 1985.

IANNI, O. **Estado e planejamento econômico no Brasil**. Rio de Janeiro: Ed. da UFRJ, 2009.

IBGE – Instituto Brasileiro de Geografia e Estatística. **Síntese de indicadores sociais**: uma análise das condições de vida da população brasileira. Rio de Janeiro, 2015. Disponível em: <https://biblioteca.ibge.gov.br/visualizacao/livros/liv95011.pdf>. Acesso em: 17 jan. 2018..

IPEADATA. **Produto Interno Bruto (PIB) real**. 4 dez. 2017. Disponível em: <http://www.ipeadata.gov.br/exibeserie.aspx?serid=38414>. Acesso em: 28 dez. 2017.

MANDEL, E. **O capitalismo tardio**. São Paulo: Abril Cultural, 1982. (Coleção Os Economistas).

MARTINS, O. L. **O projeto ético-político do serviço social**: um processo de construção e direção social da vertente intenção de ruptura. Tese (Doutorado em Serviço Social) – Universidade Federal do Rio de Janeiro, Rio de Janeiro, 2009.

MARX, K. **O Capital**: crítica da economia política. 9. ed. São Paulo: Difel, 1984. Livro I. v. I-II.

MARX, K.; ENGELS, F. **Manifesto do Partido Comunista**. São Paulo: Centauro, 2005.

MATOS, M. B. **Trabalhadores e sindicatos no Brasil**. São Paulo: Expressão Popular, 2009.

MEIRELLES, G. A. L. de. Pauperização relativa, desigualdade social e a "questão social" contemporânea. **Temporalis**: Revista da Associação Brasileira de Ensino e Pesquisa em Serviço Social, Brasília, n. 29, ano 15, p. 65-88, jan./jun. 2015.

_____. **Serviço social e "questão social"**: fundamentos teóricos e análise contemporânea. In: CONGRESSO INTERNACIONAL DE POLÍTICA SOCIAL E SERVIÇO SOCIAL: DESAFIOS CONTEMPORÂNEOS, 2., 2017, Londrina. **Anais**... Londrina: Universidade Estadual de Londrina, 2017. Disponível em: <https://www.congressoservicosocialuel.com.br/anais/2017/images/ficha-catalografica-congresso-2017.pdf>. Acesso em: 6 fev. 2018.

_____. **Trabalho e "questão social" no Brasil contemporâneo para além da aparência dos indicadores**. Tese (Doutorado em Serviço Social) – Universidade Federal do Rio de Janeiro, Rio de Janeiro, 2014.

PAULO NETTO, J. **A construção do projeto ético-político do serviço social**. Brasília: CEAD/ABEPSS/CFESS, 1999. (Capacitação em Serviço Social e Política Social, Módulo 1).
____. **Capitalismo monopolista e serviço social**. São Paulo: Cortez, 2005.
PAULO NETTO, J. Cinco notas à propósito da Questão Social. **Temporalis**: Revista da Associação Brasileira de Ensino e Pesquisa em Serviço Social, Brasília, ano 2, n. 3, p. 41-50, jan./jun. 2001.
____. **Ditadura e serviço social**: uma análise do serviço social no Brasil pós-64. São Paulo: Cortez, 2004.
PAULO NETTO, J.; BRAZ, M. **Economia política**: uma introdução crítica. São Paulo: Cortez, 2006. (Coleção Biblioteca Básica do Serviço Social, v. 1).
PETRAS, J. **Imperialismo e luta de classes no mundo contemporâneo**. Florianópolis: Ed. da UFSC, 2007.
PONTES, R. N. **Mediação e serviço social**: um estudo preliminar sobre a categoria teórica e sua apropriação pelo serviço social. 4. ed. São Paulo: Cortez, 2007.
PORTAL BRASIL. **Salário mínimo**. 31 out. 2009. Disponível em: <http://www.brasil.gov.br/economia-e-emprego/2010/01/salario-minimo>. Acesso em: 16 jan. 2018.
PRADO JÚNIOR, C. **A revolução brasileira**: perspectivas em 1977. São Paulo: Brasiliense, 2004.
ROSANVALLON, P. **A nova questão social**: repensando o estado providência. Tradução de Sérgio Bath. Brasília: Instituto Teotônio Vilela, 1998. (Coleção Pensamento Social-Democrata).
SANTOS, J. S. **"Questão Social"**: particularidades no Brasil. São Paulo: Cortez, 2012. (Coleção Biblioteca Básica de Serviço Social, v. 6).
____. **Particularidades da "Questão Social" no capitalismo brasileiro**. Tese (Doutorado em Serviço Social) – Universidade Federal do Rio de Janeiro, Rio de Janeiro, 2008.
SANTOS, W. G. **Cidadania e justiça**: a política social na ordem brasileira. Rio de Janeiro: Campus, 1979.

SIQUEIRA NETO, J. F. **Políticas sindicais e mudanças na legislação do trabalho no Brasil.** Texto para discussão n. 8. Campinas: Unicamp/Centro de Estudos Sindicais e de Economia do Trabalho (CESIT), 1992. Disponível em: <http://www.cesit.net.br/cesit/images/stories/08CadernosdoCESIT.pdf>. Acesso em: 19 jan. 2018.

SODRÉ, N. W. **Capitalismo e revolução burguesa no Brasil.** Rio de Janeiro: Graphia, 1997.

SOUZA, D. G.; MEIRELLES, G. A. L. de; LIMA, S. M. A. **Capital, trabalho e serviço social (1971-1990).** Curitiba: InterSaberes, 2017.

SOUZA, D. G.; MEIRELLES, G. A. L. de; LIMA, S. M. A. **Produção capitalista e fundamentos do Serviço Social (1951-1970).** Curitiba: InterSaberes, 2016.

YAZBEK, M. C. **Classes subalternas e assistência social.** São Paulo: Cortez, 2006.

_____. Pobreza e exclusão social: expressões da questão social no Brasil. **Temporalis**: Revista da Associação Brasileira de Ensino e Pesquisa em Serviço Social, Brasília, ano 2, n. 3, p. 33-40, jun./jul. 2001.

Respostas

Capítulo 1

Questões para revisão

1. b

    Comentário: Já no início do Capítulo 1, explicamos que a "questão social" para a ótica conservadora é a-histórica e indicador de não adaptação dos indivíduos à ordem social (burguesa). Numa perspectiva conservadora, a "questão social" é concebida como uma disfunção social de indivíduos ou grupo de indivíduos que, desprovidos de adaptação à sociedade burguesa, representam um desequilíbrio à ordem, à harmonia e à coesão social.

2. b

    Comentário: A "questão social" tem origem no período de consolidação do capitalismo concorrencial, ou seja, na Revolução Industrial, e seus resultados são imediatos para a classe operária europeia, ou seja, uma condição de vida aviltante que configura a pobreza absoluta ou pobreza extrema.

3. d

Comentário: É muito importante lembrar que a análise da "questão social" sempre apresenta dupla dimensão. Por um lado, envolve a exploração do trabalho pelo capital e a expropriação de direitos sociais imanentes às relações capitalistas e, por outro, explicita a inconformidade e a resistência da classe trabalhadora diante da exploração capitalista.

4. Nas sociedades precedentes – por exemplo, no modo de produção feudal –, a desigualdade social e a pobreza já existiam em larga escala. Entretanto, eram fenômenos sociais que não estavam vinculados aos processos de expropriação de mais-valia, mas à escassez de produtos e ao baixo desenvolvimento das forças produtivas. As agruras do período feudal eram derivadas de catástrofes naturais, epidemias, pragas que atingiam as pequenas produções agrícolas etc. Esses fenômenos naturais costumavam ser os principais fatores responsáveis pelos períodos de fome, doenças, frio, falta de vestimentas, entre outros problemas. Mais tarde, com a consolidação do capitalismo, as causas da penúria dos trabalhadores revelaram-se, fundamentalmente, na exploração do trabalho pelo capital.

5. A utilização do termo *questão social* como matéria-prima do Serviço Social (Iamamoto, 2001b) é fruto das lutas da classe trabalhadora pela consolidação e/ou ampliação de direitos civis, políticos, econômicos e sociais e também de uma interpretação da obra de Marx, sobretudo, de *O capital*, quando o autor explica, no Capítulo XXIII, a lei geral da acumulação capitalista, salientando que, à proporção que se amplia a acumulação de capital, amplia-se, ao mesmo tempo, a exploração do trabalho.

Questões para reflexão

1. A encíclica *Rerum Novarum*, publicada em 1891 pelo Papa Leão XIII, defendia contundentemente a preservação da propriedade privada, criticava o socialismo e considerava a desigualdade social um fenômeno natural (divino), impossível de superação. Posteriormente, em 1931, o Papa Pio XI reiterou o que estava expresso na encíclica, declarando: "distingue-se particularmente das outras encíclicas por ter traçado, quando era muito oportuno e necessário, normas seguríssimas, para todo o gênero humano, para solucionar os graves problemas da sociedade, compreendidos sob a denominação de 'questão social'" (Discurso de Papa Pio XI, citado por Castro, 2006, p. 62).

2. José Paulo Netto entende que a emergência da "questão social" ocorreu no cenário de consolidação do modo de produção capitalista, ou seja, no período da Revolução Industrial, e a consequente pauperização absoluta da classe operária europeia, no início do século XIX, por volta de 1830. O autor explica ainda que, "pela primeira vez na história registrada, a pobreza crescia na razão direta em que aumentava a capacidade social de produzir riquezas" (Paulo Netto, 2005, p. 153, grifo do original).

3. "Lei geral da acumulação capitalista" é o título do Capítulo XXIII de *O Capital*, em que Marx explica a interdependência entre a classe trabalhadora e a classe capitalista e, também, o consequente processo de pauperização no processo de exploração do trabalho pelo capital. Marx (1984) apresenta a relação entre capital constante e capital variável para explicar que o progresso tecnológico, por meio do investimento em capital constante, aumenta a produtividade do trabalho e, consequentemente, o valor da mais-valia. Por outro lado, o mesmo processo diminui o valor da força de trabalho. Portanto, num processo de acumulação ininterrupto, o emprego de máquinas somente amplia a mais-valia se houver a redução do número de trabalhadores e, com isso, o capital variável progressivamente se reduz em relação ao capital constante. Por isso, a lei geral da acumulação capitalista revela que a produção de riqueza promove, necessariamente a pauperização da classe trabalhadora (Marx, 1984).

4. O capitalismo concorrencial se caracteriza, fundamentalmente, pela concorrência entre empresas por ampliação das taxas de lucro a partir da exploração da mais-valia do trabalho produtivo.

Capítulo 2

Questões para revisão

1. b

   Comentário: A principal motivação para o processo de mundialização do capital foi a fusão internacional do capital com o objetivo de liberalizar e desregulamentar a economia mundial e garantir a retomada da reprodução ampliada do capital.

2. d

   Comentário: O capital mundializado e financeirizado tem a firme necessidade de controlar não só a produção e a distribuição da riqueza socialmente produzida, mas também a vida social dos sujeitos em sua totalidade, por meio de estratégias de ampliação e homogeneização do consumo.

3. c

   Comentário: A mundialização e a financeirização incidem sobre a "questão social" de inúmeras formas, aprofundando-a. Porém, nessa questão, deve-se lembrar da reestruturação produtiva do capital, que desregulamentou e liberalizou as relações de trabalho, ampliando a exploração capitalista.

4. O capital fictício são "as ações, as obrigações e os outros títulos de valor que não possuem um valor em si mesmos. Representam apenas um título de propriedade, que dá direito a um rendimento" (Paulo Netto; Braz, 2006, p. 232).

5. Os ganhos especulativos, além de enriquecer rapidamente os especuladores, disseminam a falsa ideia de que o capital especulativo seria autônomo em relação ao produtivo, isto é, "de que a conversão de D em D' (dinheiro convertido em capital) se opera sem a mediação da produção o que, na verdade, conduz-se ao limite da fetichização do dinheiro, como se ele tivesse a faculdade de se reproduzir ampliadamente a si mesmo" (Paulo Netto; Braz, 2006, p. 233).

Questões para reflexão

1. A mundialização do capital (também denominada globalização) representa a liberalização e a desregulamentação do mercado financeiro internacional, em que prevalece a conexão imediata entre diferentes instituições político-econômicas e diferentes Estados nacionais com o objetivo de retomada da acumulação capitalista diante da crise da década de 1970.

2. Para Iamamoto (2007b), a primeira etapa ocorreu entre 1982 a 1994, quando a liberalização e a desregulamentação dos mercados tiveram "na dívida pública seu principal ingrediente [...] a dívida pública foi e é o mecanismo de criação de crédito; e os serviços da dívida, o maior canal de transferência de receitas em benefício dos rentistas" (Iamomoto, 2007b, p. 117). A segunda etapa, segundo a autora, ocorreu a partir de 1994, quando "os mercados das bolsas de valores (compra e venda de ações) ocupam o cenário econômico, com a compra de ações dos grupos industriais pelas instituições financeiras, que apostam na lucratividade futura dessas empresas" (Iamamoto, 2007b, p. 118, grifo do original).

3. Entre outros fatores, porque promove a ampliação da exploração do trabalho pelo capital e a precarização do trabalho.

4. Uma síntese possível é a seguinte: financeirização do capital é o processo em que o próprio capital se metamorfoseia em mercadoria-dinheiro a ser intercambiada no mercado de capitais, em escala maior do que o intercâmbio produtivo, predominante no período de capitalismo concorrencial.

Capítulo 3

Questões para revisão

1. a
   Comentário: Adalberto Cardoso (2010) sugere a existência de, pelo menos, cinco dificuldades para a lenta transição do trabalho escravo para o trabalho "livre" em nosso país: 1) a escolha

pela imigração de trabalhadores em detrimento da força de trabalho nacional; 2) a resistência da burguesia brasileira ao trabalho manual e ao trabalho do ex-escravo; 3) a violência do Estado contra os pobres e ex-escravos; 4) a construção de um modelo de trabalhador (pacífico, ordeiro) que contrastava com a realidade; 5) o histórico descaso da burguesia brasileira com a desigualdade social e com pobreza.

2. d

Comentário: O novo sindicalismo se refere às manifestações dos trabalhadores em variadas formas de paralisações e greves, marcando uma postura renovada e combativa que ampliava a autonomia e o caráter político dos sindicatos para um confronto explícito à exploração capitalista e à tutela do Estado.

3. c

Comentário: Há anarquia do sistema de produção capitalista na medida em que é um sistema cujos produtos não são produzidos para uso comum, de acordo com as necessidades reais da população, mas sim para trocas que promovam lucros. Dessa forma, a busca desenfreada por lucros, somada à anarquia desse modelo de produção (anárquico, porque não é planejado de acordo com as necessidades sociais, mas de acordo com as possibilidades de lucro), produz tantas mercadorias que elas não encontram escoamento suficiente no processo de consumo, inclusive pelo processo de pauperização relativa e absoluta da classe trabalhadora que acompanha as crises.

4.

1. Combinação da superprodução de mercadorias com a superacumulação de capitais: dificuldade de valorizar o capital a taxas que compensem a acumulação. "Quanto mais capitais ociosos mais o aumento da massa de mais-valia produzida fica aquém da acumulação de capital. Isso acaba por levar a uma tendência de descida dos lucros" (Braz, 2016, p. 31).
2. Subconsumo das massas trabalhadoras: os trabalhadores é que consomem as mercadorias produzidas, mas não basta aumentar os salários para que consumam mais, pois isso impactaria

em decréscimo da mais-valia, ou seja, os lucros obtidos também seriam menores.

3. Movimento contraditório do capital: o processo crescente de "financeirização" do capital tem como consequência a superacumulação e a queda das taxas de lucro do capital produtivo.

5. Milhões de pessoas em situação de desemprego, expansão de processos de privatização e regressão de direitos sociais, políticos e econômicos.

Questões para reflexão

1.
   1. O processo de produção econômica no país sempre esteve voltado para as necessidades do exterior, mais especificamente dos países imperialistas, deixando a população local à mercê da pequena produção nacional.
   2. A formação de grandes latifúndios por meio da concentração de terras, impediu a ocupação e a produção por vários pequenos proprietários.
   3. A produção de mercadorias, desde o início da colonização até fins do período imperial, ocorreu em regime de escravidão.

2. "A profissionalização do Serviço Social pressupõe a expansão da produção e de relações sociais capitalistas, impulsionadas pela industrialização e pela urbanização, que trazem, no seu verso, a questão social." (Iamamoto, 2007b, p. 171).

3. A resposta para essa questão pode ser baseada em (Santos, 1979, p. 76):

> Em 1931, foi promulgada nova lei de sindicalização distinguindo entre sindicato de empregados e de empregadores e fixando a sindicalização por profissões. Enquanto, de acordo com a lei de 1907, o sindicalismo era livre para definir quem pertencia ou não ao sindicato, a nova lei define quem pode pertencer ao sindicato, e mais, o funcionamento deste passa a depender do registro no recém-criado Ministério do Trabalho. Pelo Decreto 22.132, de 25 de novembro de 1932, em seu artigo primeiro, fixava-se que só podiam apresentar reclamações trabalhistas perante as Juntas de Conciliação e Julgamento

os empregados sindicalizados, ou seja, os trabalhadores cuja ocupação fosse reconhecida por lei e que pudessem, pois, registrar-se num sindicato. Já pelo Decreto 23.768, artigo quarto, de 18 de janeiro de 1934, só podiam gozar férias os trabalhadores sindicalizados.

4. A resposta para essa questão pode ser mais bem compreendida por meio da análise de Behring e Boschetti (2008, p. 106):

> Em 1924, ocorreu a criação da Lei Eloy Chaves que, a partir do Decreto-Lei n. 4.682 de 24 de janeiro de 1924 cria a Caixa de Aposentadoria e Pensão dos Ferroviários (CAPs), instaurando o esquema clássico da Previdência Social brasileira. As CAPs são progressivamente substituídas pelos Institutos de Aposentadorias e Pensões (IAPs), "que se expandem na década de 1930, cobrindo riscos ligados à perda da capacidade laborativa (velhice, morte, invalidez, doença), naquelas categorias de trabalhadores estratégicas, mas com planos pouco uniformizados e orientados pela lógica contributiva do seguro. O primeiro IAP foi criado em 1933 – o IAPM, dos marítimos –, e com isso foram se extinguindo as CAPs, organizações privadas por empresa, até 1953. Os trabalhadores participavam da direção dos IAPs, o que foi um decisivo instrumento de cooptação de dirigentes sindicais, conhecidos como 'pelegos'".

Capítulo 4

Questões para revisão

1. d

Comentário: O eixo central da "nova questão social" para Castel é o desemprego e a precarização do trabalho e, ainda, a promoção de sujeitos desfiliados, sobretudo jovens, os quais passam a ser inúteis para o mundo. Em suas palavras, "o núcleo da questão social hoje seria a existência de 'inúteis para o mundo', de supranumerários e, em torno deles, de uma nebulosa de situações marcadas pela instabilidade e pela incerteza do amanhã que atestam o crescimento de uma vulnerabilidade de massa" (Castel, 1998, p. 593).

2. c

Comentário: Ao analisar a existência ou não de uma "nova questão social" na contemporaneidade, Yazbek explica sua discordância numa linha de pensamento bastante próxima à de José Paulo Netto e Marilda Iamamoto:

> [a questão social] se reformula e se redefine, mas permanece substantivamente a mesma por tratar de uma questão estrutural, que não se resolve numa formação econômico social por natureza excludente. Questão que, na contraditória conjuntura atual, com seus impactos devastadores sobre o trabalho, assume novas configurações e expressões, entre as quais destacamos: 1 – as transformações das relações de trabalho; 2 – a perda dos padrões de proteção social dos trabalhadores e dos setores mais vulnerabilizados da sociedade que veem seus apoios, suas conquistas e direitos ameaçados. (Yazbek, 2001, p. 33)

3. d

Comentário: Marilda Iamamoto (2007b, p. 131) assim discorre sobre esse tema:

> A referida transição não foi presidida por uma burguesia com forte orientação democrática e nacionalista, voltada à construção de um desenvolvimento capitalista interno autônomo. Ao contrário, ela foi e é marcada por uma forma de dominação burguesa [...] restrita aos membros das classes dominantes que universalizam seus interesses de classe a toda a nação, pela mediação do Estado e de seus organismos privados de hegemonia. O país transitou da "democracia dos oligarcas" à "democracia do grande capital", com clara dissociação entre desenvolvimento capitalista e regime político democrático. Esse processo manteve e aprofundou os laços de dependência em relação ao exterior e ocorreu sem uma desagregação radical da herança colonial na conformação da estrutura agrária brasileira. Dessa herança, permanecem tanto a subordinação da produção agrícola aos interesses exportadores, quanto os componentes não capitalistas nas relações de produção e nas formas de propriedade, que são redimensionados e incorporados à expansão capitalista. Essa, gradualmente, moderniza a grande propriedade territorial que assume a face racional da empresa capitalista, convivendo com as vantagens da apropriação da renda fundiária. É acompanhada da concentração da propriedade territorial e de uma ampla expropriação de

trabalhadores. Cresce a massa de assalariados rurais e urbanos, necessária à expansão do mercado interno, e às exigências de ampliação da produção e da produtividade. (Iamamoto, 2007b, p. 131)

4. "Para garantir uma sintonia do Serviço Social com os tempos atuais, é necessário **romper com uma visão endógena, focalista, uma visão de dentro do Serviço Social, prisioneira em seus muros internos**" (Iamamoto, 2001b, p. 20, grifo nosso).

5. As políticas públicas sociais representam a garantia de direitos básicos universais. Assim, a proposta neoliberal em curso – de privatização e mercantilização das políticas de seguridade social, com a adoção de programas assistenciais focalizados na pobreza absoluta (extrema) – leva ao aprofundamento da desigualdade social e da pobreza relativa, uma vez que camadas empobrecidas que contam com uma renda, às vezes, minimamente melhor do que aqueles em condição de pobreza absoluta não são inseridos nos programas focalizados e, ao mesmo tempo, têm seu acesso reduzido às políticas de proteção social da saúde, previdência e assistência social.

Questões para reflexão

1. A resposta para essa questão pode ser mais bem compreendida por meio da análise de Martins (2009, p. 196):

> A construção do novo Código de Ética de 1993 foi um processo imbricado com a dos demais componentes do projeto ético político, quais sejam: a Lei de Regulamentação da Profissão e as novas Diretrizes Curriculares aprovadas em 1996. A Lei de Regulamentação da Profissão iniciou seu processo de tramitação na Câmara e no Senado na década de 1980 e foi sancionada em 1993. Nessa época, as entidades eram dirigidas pelo segmento da esquerda da categoria. O projeto ético-político, expressa-se por esses três pilares, teve como participantes em seu processo segmentos conservadores e progressistas, tendo a hegemonia na direção social e política o segmento dos assistentes sociais que compõe a intenção de ruptura.

2. As Diretrizes Curriculares deixam clara a necessidade de o assistente social articular as renovadas expressões da "questão social" – consequências do desenvolvimento capitalista e da reforma do Estado vigente desde a década de 1990 – às mudanças no mundo do trabalho com a reestruturação produtiva do capital, em andamento desde a década de 1990, e às demandas postas para a categoria profissional, no âmbito da questão social brasileira.

3. No debate sobre a "questão social", Faleiros (1999) discorda da ideia de que esta é o eixo de investigação ou intervenção do Serviço Social. O pesquisador não considera que as expressões da "questão social" são uma particularidade da profissão e tampouco que configuram o objeto da prática profissional. Para ele, "o objeto de intervenção do Serviço Social se constrói na relação sujeito/estrutura e na relação usuário/instituição, em que emerge o processo de fortalecimento do usuário diante da fragilização de seus vínculos, capitais ou patrimônios individuais e coletivos" (Faleiros, 1999, p. 44).

4. Dentre as contradições impostas ao profissional de Serviço Social encontram-se os interesses do Estado de capitalismo monopolista articulado com os interesses da classe capitalista organizada. Por outro lado, o assistente social enfrenta a luta de classes materializada nos interesses entre as instituições públicas ou privadas e os interesses e necessidades da classe trabalhadora.

Sobre a autora

Giselle Ávila Leal de Meirelles é pós-doutoranda no Programa de Pós-Graduação em Serviço Social (PPGSS) da Escola de Serviço Social (ESS) da Universidade Federal do Rio de Janeiro (UFRJ), doutora (2014) em Serviço Social pela UFRJ, mestre (2003) em Sociologia Política pela Universidade Federal do Paraná (UFPR) e graduada (1983) em Serviço Social pela Pontifícia Universidade Católica do Paraná (PUCPR). Foi assistente social da Prefeitura Municipal de Curitiba de 1983 a 2005. Atualmente, é professora do curso de Serviço Social da UFPR – Setor Litoral. Participou da implantação do curso nesse setor em 2006 e da implantação do curso de especialização em "questão social" pela perspectiva interdisciplinar em 2008, sendo coordenadora no período 2008-2011. É autora (em parceria) de outros dois livros publicados pela Editora InterSaberes: *Produção capitalista e fundamentos do Serviço Social (1951-1970)*, publicado em 2016, e *Capital, trabalho e Serviço Social (1971-1990)*, publicado em 2017.

Impressão:
Fevereiro/2018